一條大路通雲南去時容易轉時難去時陽鵲陽鵲未下蛋轉時陽鵲叫滿山

貴州安順民歌

容琬女史屬書

聞一多

廿七年六月

巧读·快读
现代名家
QIAO DU·KUAI DU
XIANDAI MINGJIA

读懂闻一多

DUDONG WEN YIDUO

杨慕然 编著

广西人民出版社

图书在版编目（CIP）数据

读懂闻一多 / 杨慕然编著.—南宁：广西人民出版社，2014.12

（“巧读·快读”现代名家）

ISBN 978-7-219-09104-3

Ⅰ.①读… Ⅱ.①杨… Ⅲ.①闻一多(1899～1946)－生平事迹 Ⅳ.①K825.6

中国版本图书馆CIP数据核字（2014）第229950号

监　　制　白竹林
策划编辑　田　珅
责任编辑　覃结玲
责任校对　唐柳娜
印前制作　麦林书装

出版发行　广西人民出版社
社　　址　广西南宁市桂春路6号
邮　　编　530028
印　　刷　广西大一迪美印刷有限公司
开　　本　875mm×1230mm　1/32
印　　张　7
字　　数　150千字
版　　次　2014年12月　第1版
印　　次　2014年12月　第1次印刷
书　　号　ISBN 978-7-219-09104-3/K·1536
定　　价　25.00元

目　录

第一辑　闻一多的言

世界上最美妙的音乐享受，莫过于在午夜间醒来静听妻室儿女在自己身旁之轻轻的调匀的酣息声。

致梁实秋的信

现在我才知道，我们这些人，所怕的不仅是右，还有左，青年人都太性急，恨不得一下子新民主中国就来到——其实，我们知识分子——连我在内，——都是如此的。过去我对所有的青年人都相信，现在才知道青年里什么样的人都有，——不过青年人还是很可爱的。错误不要紧，我们谁也没有政治斗争经验，青年是可爱的，可爱的。不幸做了特务的青年，我们尽可能地争取他们。

与学生王一语

有人不喜欢鲁迅，也不让别人喜欢，因为嫌他说话讨厌，所以不准提到鲁迅的名字。也有人不喜欢鲁迅，倒愿意常常提到鲁迅的名字，是为了骂骂鲁迅。因为，据说当时一旦鲁迅回骂就可以出名。现在，也可以对某些人表明自己的“忠诚”。前者可谓之发动，后者只好叫做无耻了。其实，反动和无耻本来也是分不开的。

《在鲁迅逝世八周年纪念会上的讲话》

统治者只要奴才去打仗，不要知识分子去打仗！

《给西南联大从军回校的同学讲话》

我们近来喜欢讲保存国粹画，可不知道怎样保存的法子。“保存”两字不能看死了。凡是一件东西没有用处，就可以不必存在。假设国粹画是真好，我们就应当利用它。与其保存国粹不如利用国弊。利用是最妙的保存的方法。

《建筑的美术》

我不反对求快乐，其实我深信生活的唯一目的只是快乐。但求快乐的方法不同，禽兽的快乐同开化人的快乐不一样。在一个人身上，口鼻的快乐不如耳目的快乐，耳目的快乐又不如心灵的快乐。艺术的快乐虽以耳目为作用，但是心灵的快乐，是最高的快乐，人类独有的快乐。

《电影是不是艺术?》

艺术是精神的快乐；肉体与肉体才有冲突，精神与精神万无冲突，所以艺术的快乐是不会起冲突的，即不会妨害别人的快乐的，所以是真实的、永久的快乐。

《电影是不是艺术?》

美的灵魂如不依附于美的形体，便失去他的美了。

《评本学年〈周刊〉里的新诗》

若是没有女人，一大半的诗——大半最宝贵的诗，不会产生了。

《评本学年〈周刊〉里的新诗》

诗人总要抱着这句话做金科玉律：“可以不作就不作。”现在一般作诗文的一个通病便是动笔太容易了。

《评本学年〈周刊〉里的新诗》

我总觉得一个作者靠用标点去表示他的情感或概念，他定缺少一定力量——“笔力”。

《〈冬夜〉评论》

原来蹈恶犯罪是人之常情。人不怕有罪恶，只怕有罪恶而甘于罪恶，那便是终古沉沦于死亡之渊里了。人类的价值在能忏悔，能革新。世界的文化亦不过有这一点动机发生的。忏悔是美德中最美的，他是一切的光明的源头，他是尺蠖的灵魂渴求展伸的表象。

《〈女神〉之时代精神》

选择是创造艺术的程序中最紧要的一层手续，自然的不都是美的；美不是现成的。其实没有选择便没有艺术，因为那样便无以鉴别美丑了。

《〈女神〉之地方色彩》

理性铸成的成见是艺术的致命伤。

《文艺与爱国》

伟大的同情心——艺术的真源。

《文艺与爱国》

我觉得去测度诗的是否为负责的宣传的任务不是检查所的先生们完成得了的，这个任务，应该交给批评家。

《诗与批评》

我们的民族和文化所以能存在到今天，自然有其生存的道理在，这道理并不像你所想的，在能保存古的，而是正相反，在能吸收新的。

《复古的空气》

其实一个民族的“古”是在他的血液里，像中国这样一个有着悠久历史的民族，要取消他的“古”的成分，并不太容易。难的倒是怎样学习新的，因为我们在上文已经提过，文化是有惰性的，而愈老的文化，惰性也愈大。克服惰性是一件难事啊！

《复古的空气》

一部分人为着旁人的剥削，在饥饿中畜生似的沉默着，另一部分人却在舒适中兴高采烈地粉饰太平，这现象是叫人不能不寒心的，如果他还有一点同情心与正义感的话。然而不知道是为了谁的体面，你还不能声张。最可虑的是不通世故而血气方刚的青年，面对这种事实，又将作何感想？

《可怕的冷静》

个人之于社会等于身体的细胞，要一个人身体健全，不用说必需每个细胞都健全。但如果某个细胞而形成瘿瘤之类，那便是病了。健全的个人是必需的，个人发达到排他性的个人主义却万万要不得。

《一个白日梦》

其实青年并非永远是革命的，“青年永远是革命”这定理，只在“老年永远是不肯让路的”这前提下才能成立的。

《“五四”断想》

国家究竟是什么？今天不又有人说是“人民的世纪”吗？假如国家不能替人民谋一点利益，便失去了它的意义，老实说，国家有时候是特权阶级用以巩固并扩大他们的特权的机构。假如根本没有人民，就用不着土地，也用不着主权。只有土地和主权都属于人民时，才讲得上国家，今天只有“人民至上”，才是正确的口号。

《人民的世纪》

一个历史人物的偶像化的程度，往往是与时间成正比的。时间愈久，偶像化的程度愈深，而去事实也愈远。

《读骚杂记》

儒家的重视祭祀，又因祭祀而重视礼文，在道家看来，真是太可笑了。总之儒家是重形骸的，以为死后，生命还继续存在于形骸，他们不承认脱离形骸后灵魂的独立存在。道家是重视灵魂的，以为活时生命暂寓于形骸中，一旦形骸死去，灵魂便被解放出来，而得到这种绝对自由的存在，那才是真的生命。这对于灵魂的承认与否便是产生儒道二家思想的两个宗教的分水岭。因此二派哲学家思想中的宇宙论、人生论，或知识论，以至于政治思想等，无不随着这宗教信仰上先天的差别背道而驰了。

《道教的精神》

从西周到宋，我们这大半部文学史，实质上只是一部诗史。但是诗的发展到北宋实际也就完了。……到此，中国文学史可能不必再写，假如不是两种外来的文艺形式——小说与戏剧，早在旁边静候着，准备届时上前来“接力”。是的，中国文学史的路线南宋起便转向了，从此以后是小说戏剧的时代。

《文学的历史动向》

故事与雏形的歌舞剧，以前在中国本土不是没有，但从未发展成为文学的部门。对于讲故事，听故事，我们似乎一向就不大热心。不是教诲的寓言，就是纪实的历史，我们从未养成单纯的为故事而讲故事、听故事的兴趣。我们至少可说，是那充满故事兴味的佛典之翻译与宣讲，使它与那较进步的外来形式相结合，而产生了我们的小说与戏剧。

《文学的历史动向》

中国是勇于“予”而不太怯于“受”的，所以还是自己文化的主人，然而也只仅免于没落的劫运而已。为文化的主人自己打算，“取”不比“予”还重要吗？所以仅仅不怯于“受”是不够的，要真正勇于“受”。

《文学的历史动向》

我们这时代是一个事事以翻脸不认古人为标准的时代。这样我们便叫做适应时代精神。墙头的一层砖和墙脚的一层，论质料，不见得有什么区别，然而碰巧砌在顶上的便有了资格瞧不起那垫底的。何等的无耻！如果再说正因垫底的砖是平平稳稳的砌着的，我们便偏不那样，要竖着，要侧着，甚至要歪着砌，那自然是更可笑了。所谓艺术的宫殿现在确乎是有一种怪现象；竖着，侧着，歪着的砖处处都是，这建筑物的前途，你去揣想罢。

《现代英国诗人》序

大概诗人与诗人之间不拘现代与古代，只有个性与个性的区别，而个性的区别又是有限度的，所以除了这有限的区别以外，古代与现代的作品之间，不会还有——也实在没有过分的悬殊。

《现代英国诗人》序

抓到打眼的一方面，恣意的发挥，仿佛其余一面完全不存在似的，这是谈断代文学的通病。这样谈文学，谈任何时代都不行，而在目前时代谈现代的文学，这样谈法，尤其不要。

《现代英国诗人》序

在都市的街道上，一群群乡下人从你眼角滑过，你的印象是愚鲁，迟钝，畏缩，你万想不到他们每颗心里都自有一段骄傲。

《西南采风录》序

第二辑　闻一多的行

闻一多原名闻亦多。他到清华读书时，注册的名字是闻多。当时同学们觉得连姓带名一起称呼不礼貌，故潘光旦等人半开玩笑地劝他在“多”字前加个“一”字，他欣然采纳，并马上去教务处改名字，但被教务处以名字已经上报教育部为由拒绝。闻一多并不灰心，总是说坚持就是胜利。此后，每逢新教员上课点名，他总强调“多”前面还有个“一”字，试卷上也写“闻一多”，每逢发榜或布告上有他的名字，他也总设法加上“一”字。临近毕业，学校终于在毕业证书上正式承认他的新名字，在毕业证书和同学录上都印上“闻一多”。

闻一多一向嗜书如命。就读清华期间，每年暑假回湖北家中，就钻进自己的书房——“二月庐”里看书，很少出门一步，常常是吃饭都忘记了。偶或有亲朋友邻来走动，他连忙捧着书躲藏起来，嘴里直埋怨怎么又来打扰他看书呢。一次，一条蜈蚣爬上了他的腿，家人赶走蜈蚣，他还直怪打扰了他看书。更绝的是，他新婚那天，亲友纷纷前来贺喜却不见新郎。当迎亲花轿快到家时，人们才在书房找到他，原来他仍然穿着旧长袍在看书。

1916 年，为迎接国庆节，闻一多和同学们演出了一个喜剧。该剧讲述的是一个道士施用法术，将八个怪物叫出来进行赛跑，以庆祝国庆节。怪物陆续出场，其中有茶碗人、半男半女的人、前脸是狼后脸是狈的人……最后一个出场的，是闻一多扮演的大毛驴。大毛驴一出场，伸长脖子，摇摇长长的耳朵，“哦昂，哦昂”地叫起来，似乎对赛跑夺冠志在必得，逗得全场观众大笑不已。赛跑结果，大毛驴果然第一。这出戏还最终获得了全校“最优”奖。而闻一多也因这几声驴叫闻名全校。

1921 年，即将毕业赴美的闻一多与罗隆基等人，以罢考方式支持北京高校教师的讨薪活动，学校当局以如果罢考即取消学籍相威胁。闻一多他们不为所动，坚决罢考。最后他们被学校以“自动退学”除名。后来，政府部门和学校为缓和此事，宣布只要他们写一悔过书，即可返校。闻一多他们坚决不妥协。最后学校只得让步，让他们推迟一年毕业，第二年，他们一个不落地都到了美国。

梁实秋将自己和闻一多的两篇评论文章结集出版，人们读后批评的人不少。但远在日本的郭沫若对之进行了肯定和赞扬。其时，郭沫若刚出版诗歌集《女神》，在文学界声名鹊起。闻一多得知欣喜若狂，在给家人的信中说：“总之假使全国人都反对我，只要郭沫若赞成我，我就心满意足了。”

清华远在北京郊区，五四那天，清华的学生并没有参加游行等系列活动。待晚上消息传来，全校震动。同学们的爱国心空前地沸腾起来。闻一多更是兴奋得夜深了仍然睡不着，于是爬起床来，手书好岳飞的《满江红》，跑去张贴在学校食堂门口。第二天一早，同学们看见，情绪更是高涨，纷纷猜测这是谁贴出去的。

闻一多绘画亦如他看书一样专心、投入。据梁实秋回忆，闻一多沉浸于绘画时，长发披散在脑后，全神贯注，如中疯魔，运笔不停，直到作品完成。作画时穿的披衣，一块红，一块绿，水渍油痕满是，揩鼻涕、抹桌子、擦手、挡雨全是它。

在美国读书期间，闻一多加入了余上沅、熊佛西等人倡导的话剧活动。他主要负责服装和布景。这是件非常累人的活儿。美国买不到丝绸，剧中需要的几十件锦袍，全是闻一多一笔一画画出来的。这些画出来的锦袍十分逼真，即便是近看，也难以发现色彩的画笔痕迹。一时，这些画出来的锦袍引来不少美国人争相购买。

闻一多在美国的时候，妻子生下了大女儿。家中父母满脑子重男轻女的观念，一开始并没有告诉闻一多，只是后来在信里的角落以极短的几个字提到了这件事。闻一多对父母一向非常尊重，可是这次他很不高兴，立刻回信直言批评父母："孝贞分娩，家中无信来，直到上回父亲才在信纸角上缀了几个小字说我女名某，这就完了。大约要是生了一个男孩，便是打电报来也是值得罢?"他郑重地告诉父母："我得一女，正如我愿，我很得意。我将来要将我的女儿教育出来给大家做个榜样……我的希望与快乐将来就在此女身上。"

在徐志摩的推荐和介绍下，闻一多被聘为艺专教务长兼代油画系主任。不料艺专内部矛盾尖锐，没几个月有人就将矛头指向了闻一多，散布舆论说他想当校长。他对这些流言嗤之以鼻，但却不知怎样应对，于是表示"富贵于我如浮云"，辞职离开了艺专。

国家处于内忧外患关头，闻一多加入了提倡国家主义的"大江会"，决心为国家主义的实施努力奋斗。他信心十足，态度积极，表示"大江命我做的事我虽自揣能力不够，但仍是不敢辞让"。他写的《大江》宣言发表后大有影响，北大校役将其抄写在墙壁上，并口："好极！好极！"同时，民国人学学生的课业中竟然有成段剽窃。他得知反而十分高兴，将此当为喜讯告诉梁实秋，要他"遍告同志，俾得额手相庆"。

闻一多任武汉大学文学院院长期间，老同学吴国桢时任湖北省税务局局长，吴为了提高自己的社会声誉，向闻一多提出，想到武汉大学兼职做教授。闻一多对吴国桢这种身居官位却又想捞学界名誉的做法很反感，拒绝了吴的要求。

闻一多执教于青岛大学期间，一前来应考的学生作文考得了第一名，而数学却得了零分。闻一多翻看了该考生的作文，为该考生的文学才华叫好，毅然决定录取。这名考生就是日后著名的诗人——臧克家。

在清华任教时，闻一多每每走进教室，多是拿出一支香烟，先向同学们温和一笑说："哪位吸?"自然没有同学要。于是他点燃香烟，猛吸一口，打开书本，以他极富感染力的男中音开讲。

闻一多有时半夜里会突然起床，妻子问他起来干什么。他说："我想起来了！我想起来那个字应该怎么考证了。"

抗战爆发后，闻一多南下路过武汉，任教育部次长的老同学顾毓琇邀请他加入正在组建的教育问题研究会。能在武汉工作离家近，很方便照顾家人，但闻一多觉得加入这个研究会是进入政府做官，所以，尽管老同学再三邀请，他还是拒绝了。妻子得知气得好长一段时间不理他。

刘文典因为外出给人撰写墓志铭，耽误了西南联大的课程。闻一多很能体会联大教授经济上的窘境，但他认为不管怎样，不能耽误学生的学业。再加上刘文典吸食鸦片，实在有违师表。于是不顾多人求情，在刘文典聘期到后，没再续聘。

陈梦家是闻一多在青岛大学时的学生，后任教于西南联大。师生相聚，自是欣喜，二人常常来往，其乐融融。一次，闻一多在一张便条中称陈“梦家吾弟”，陈回称闻“一多吾兄”，闻一多大怒，狠狠地教训了陈一顿。在这种礼节上，闻一多是不肯马虎的。

一实业家很敬重闻一多，见其家庭负担重，主动提出吸收闻一多入股，不用出资，只要挂名即可。闻一多不愿做官，也不想与经商沾边，就婉言谢绝了。该实业家又提出负担闻一多长子闻立鹤的学费和生活费，闻一多感激得流下泪来，但他不愿推卸做父亲的责任。最后，他决定业余刻印，以贴补家用。

在西南联大期间，闻一多子女众多，生活十分艰难。在朋友们的劝说和大力支持下，为养家糊口，他开始利用业余时间刻印挣钱。他刻的印自成一家，很快很多人慕名而来。国民党云南省党部书记李宗黄也派人送来一方石章，要闻一多给他刻印，还说报酬从优。闻一多听说这人仗势欺人，当场叫带石章的人速速拿章回去。

自从闻一多为补贴家用在业余时间刻印以来，需求者越来越多，儿子闻立鹤对此很反感。一次，闻立鹤质问父亲这是不是发国难财，闻一多听罢，静默半天，对儿子说："立鹤，你这话我将一辈子记住。"

1944 年 9 月，重庆中华全国文艺界抗敌协会总会来函，号召开展救助贫病作家捐款活动，昆明分会立刻响应。闻一多不仅积极推动这一活动，还带头捐出了刻印 10 枚印章的收入。朋友们说你自己就是个贫困作家，是救助对象，参与推动这个活动就行了，不必捐款。闻一多答道："我虽贫困但还没有到要命的地步，有些人是不救助就活不了，而且这是全国文艺界抗敌协会的号召，我怎么能不有所行动呢？"

一次，闻一多正赶写一篇文章，小女儿在一旁缠着高孝贞吵闹，使得闻一多无法集中精力，一怒之下打了女儿。女儿哭得更厉害了，保姆赵妈心疼孩子，也对闻一多表示不满。二儿子闻立雕闻声进来批评父亲：“你平时天天在外面讲民主，怎么在家里动手打人！这叫什么民主?”面对儿子的批评，闻一多冷静了下来。一会儿，他郑重地对儿子说：“今天是我不对，不该打小妹。我小时候就是受这样的教育过来的，希望你们以后不要这样对待你们的孩子。”

一次，闻一多看见一个军官正用皮带抽打士兵，他实在看不下去，上前斥责说：“你自己也有父母兄弟，你难道没有一点人性?”不料那军官横了一眼闻一多，反而对士兵抽打得更厉害了。闻一多气愤得不能自已，回到家中对妻子说起还火气直冒。妻子说：“现在的世道就是这样，何必生那么大的气，小心气坏了身体。”闻一多气呼呼地说：“不是你的儿子，你自然不痛心。”

西南联大西迁途中，没法理发剃须，闻一多干脆说，不到抗战胜利，不剃须。抗日战争胜利，日本投降，闻一多得知，难抑心中的喜悦，直奔理发店，要把蓄了8年的胡须全部剃掉。他可是西南联大最著名的两位美髯公之一（另一位为冯友兰），理发师觉得很可惜，闻一多却像下命令一样，直说：“剃！剃！全都剃掉！”

第三辑　闻一多大事记

诗人闻一多

若将闻一多的整个人生概括为“三变”，在世人给予的众多头衔之中，称他“诗人”是更为贴切的。闻一多是楚人，楚人多浪漫，且生性不羁，情感激昂热烈，极具诗人气质。也因这种诗意化的热情，促使他在文化汪洋中不知不觉地与诗歌引起共鸣，并自愿地选择诗歌创作，甚至到他后来的学术研究方向，多半也与诗歌分不开。

诗的摸索与创作

闻一多很早就对诗歌表现出兴趣。5岁时的私塾启蒙多是读《三字经》、《论语》之类的典籍。诗的奇思妙意，给闻一多带来了美感。在诵读的时候，他能体会到音乐般的音符、节奏、旋律，也能感悟到绘画所能体现的光、色、景、意，以及戏剧才能表达出的丰富内容。从文学的艺术形式上讲，能与音乐、绘画、戏剧最能达成共通的就是诗。对于极富有文艺天资的闻一多来说，他认为诗歌是表达感情的理想工具。

到了 1919 年的春天，他“决志学诗”，打算用两年的时间，读遍历代诗选。在研读的过程中，他将特别喜欢的古诗进行批注、抄写，后来集成一本《古瓦集》。到了 5 月，北京爆发五四爱国运动，那时的闻一多还不会作白话诗，但他觉得，只有诗的语言才能将内心的兴奋释放出来，于是他抄下岳飞的《满江红》，贴到学校食堂的墙上，借此来表达自己的感情。

为了学诗，闻一多是下了苦功夫的。不会写诗时他就先评诗，最初评论校内的诗，渐渐地扩大到整个中国诗坛。当时白话文运动已经如火如荼，胡适、徐志摩、郭沫若的作品受世人瞩目，他和梁实秋合写的《〈冬夜〉评论》把俞平伯评了个彻底，《〈草儿〉评论》再将康白情论得滴水不漏，在美国完成的《〈女神〉之时代精神》和《〈女神〉之地方色彩》，几乎是给郭沫若的《女神》打了个耳光，就连郭沫若都说是“如在沉黑的夜里得见两颗明星，如在蒸热的炎天饮得两杯清水……在海外得读两君评论，如逃荒者得闻人足音之跫然”。不久《创造周刊》转载了他的评论文章。

通过对诗坛的了解，闻一多明确了自己的定位，放出这样的话来："我很相信我的诗在胡适、俞平伯、康白情三人之上，郭沫若则颇视为劲敌。"一直以来，闻一多对胡适、俞平伯这些新诗人过于理性、节制，缺乏万丈豪情和狂恣幻想的诗作是不以为然的。他认为，"诗是被热烈的情感蒸发了水气之凝结"，诗人应该"跨在幻想的狂恣的翅膀上遨游，然后大胆引吭高歌"，所以，白话诗首先应该是诗，诗需要的是激情，需要浪漫的感觉，诗是抒发感情的文字旋律，白话不白话倒是次要的。被闻一多视为唯一劲敌的郭沫若，是五四最富浪漫气质的激情诗人，与闻一多本质里的浪漫热情趣味相投。

1919 年末，闻一多开始尝试创作新诗，写出了《雨夜》、《月亮与人》等诗。之前他依样画葫芦地模仿了不少古体诗，学韩退之的"硬语盘空"，在《清华周刊》上发表了 20 多首诗，被梁实秋评为"想象丰富，功力深厚，字里行间有一股沉郁顿挫的气质"。到 1920 年 7 月《西岸》的发表，表明闻一多的现代诗创作已走上了正轨，在自己思想体系指导下的创作，实践出成果。

留学美国的闻一多，虽读的是美术专业，但他的大部分精力都用于诗歌的研究和创作。他到芝加哥不久，就被介绍到美国新诗人圈子，结识了卡尔·桑德堡、门罗、海德夫人、罗厄尔等美国新诗运动中的骨干，得到了他们热心的帮助。海德夫人请闻一多翻译自己的诗，在当地的诗歌刊物上发表，以至舍友调侃他："你没上中国的诗坛，倒先上外国诗坛了。"

借着天时地利的机会，闻一多的诗歌研究转向外国诗人，其中，古尔德·弗莱切对他的影响最大，闻一多称他是"设色的神手"，并模仿他的风格创作出了一大批作品，其中《红烛》、《色彩》最具代表性，"设色"成了闻一多诗歌创作某一阶段的特点。

在科罗拉多大学时期，闻一多选修了"丁尼生和勃朗宁"、"现代英美诗"等课程，对他的创作起到了范式性的影响，创作出的《死水》不仅有丁尼生的细腻，还有勃朗宁对丑陋事物的取材，霍斯曼简练整洁的形式，吉伯林雄壮铿锵的节奏。反过来，闻一多用外国诗人的艺术形式来重新看待中国诗歌时，发现了无数的共通之处，从此他的诗歌观念发生了很大变化，更加认识到诗歌应该作为"纯艺术"的状态而存在。

1923 年 3 月，闻一多在给梁实秋的信中说："我的诗若能有所补益于人类，那是我的无心的动作（因为我主张的是纯艺术的艺术）。但是相信了纯艺术主义不是叫我作个 egoist."他赞颂济慈"只有你一个是艺术的忠臣"，但是他又清醒地认识到，“纯艺术”并非是为“艺术而艺术”，认识到诗的艺术功能和社会功能之间的关系。因此，在他接触到国家主义后，写出了一大批如《太阳吟》、《忆菊》等爱国诗，从诗作的根本上讲，他并非单纯、直露地把诗当宣传的介质，而是在艺术化的同时，更深层地追求其艺术的社会功能性罢了。

由此看来，闻一多的爱国情怀只是追求艺术效果中的一种偶然，是他对当时社会的新诗的构想。在对郭沫若的《女神》的批评中他也表述了自己的立场：“中国新诗不但新于中国固有的诗，而且新于西方固有的诗，他不要做纯粹的本地诗，但还要保存本地的色彩，他不要做纯粹的外洋诗，但又要尽量吸收外洋诗的长处，他要做中西艺术结婚后的宁馨儿。”

出版《红烛》

像多数年轻人一样，年轻的闻一多也很想出人头地。他经历过新文化运动的大潮，深受时代潮流的影响，那时的他最渴望成为一名诗人。

1920 年，自从《西岸》发表后，他先后在《清华周刊》

发表了 6 首新诗，还自编了一本《真我集》。在这段时间里，他积极参加各种文学活动，十分活跃。与梁实秋写成《冬夜》、《草儿》的评论后，他们俩将此编成书，以清华文学社的名义出版，他们出资自己印了出来。

书虽出版了，却没给他们带来名利上的收益，只算是闻一多经历的一次言论自由的生活体验。去美国留学后，诗的研究和创作稍有所成后，他就向《创造》杂志投稿，只因喜欢郭沫若的《女神》，就想和创造社的人建立关系，觉得品味相投，那就是自己更易登上的平台。

那时，闻一多最想做的就是尽快出版诗集，不单是“宽厚岁时出人头地”的强烈抱负，趁早在中国诗坛上立足，也想通过出版诗集能在经济上有所收益。为了出版《红烛》，闻一多费尽苦心，他先是委托十哥到东亚和泰东书局打听在那里出版新诗集的途径、版税、费用等问题，特别交代十哥，到东亚就问《冬夜》、《草儿》是怎么出版的，若是到泰东，就问《女神》是如何出版的。他对自己的诗集的定位十分准确，并且自视甚高，做事的形态上早就流露出楚人的性情。

为了能“一炮走红”，闻一多对诗集《红烛》做了精心的设计。首先他要略胜中国市面上流行的一些诗集，在作品数量上略胜一筹。他说：“屡经删削，尚余百零三首。以首数言，除汪静之《蕙的风》，无有多于此者。”为了提升诗集的质量，他还想让梁实秋为诗集作序，因为他当时已找不出比梁实秋更有声望的人来推荐了。他在信中这样对梁实秋说：“我想想我们很可怜，竟找不到一位有身价的人物替我们讲几句话，只好自己相互介绍了。”

后来，在郭沫若的帮助下，《红烛》在泰东书局出版。由于诗集的封面简单无装饰，用纸粗糙，印刷质量不太好，引来闻一多不少牢骚，他自觉“书印出来，虽不受普通一般人的喜欢”，不过诗集也算是出版了，在他的一生当中算是大事，他心里就一个想法，“我在文坛只求打出一条道来”，因为已“做了个名声出去”。他更大的希望是以后能在诗坛大有作为，创作出能“补益于人类”的伟作。

《诗镌》和格律新诗

提前结束留美回到祖国的闻一多，进入了新诗创作的小高峰，诗的质量也达到成熟阶段。由于中国社会局势动荡，他执教的国立艺术专门学校停办，给他的精神刺激极大，楚人式的狂放不羁被激发，发表了《醒呀!》、《七子之歌》、《洗衣歌》等一批作品。这一时期的闻一多，已从五四时代的浪漫主义中，自我扩张走向了另一面：与某种群体性的献身目标相结合。这一时期的作品中，他毫无掩饰地张扬国家主义，并且还身先士卒地加入了国家主义的政治运动。

1925年秋天，闻一多结识了创办《醒狮周报》的李璜，对他由衷欣赏，用“光风霁月国士无双”来称赞他，并积极参加李璜组织的国家主义活动。“三一八”惨案后，他就不再参加此类活动了，在《文艺与爱国》中，他表达了对政治与文学之间关系的看法：“我希望爱自由，爱正义，爱理想的热血要流在天安门，流在铁狮子胡同，但也要流在笔尖上，流在纸上。”他在国家主义运动中产生疑惑后，转而从文学上寻找道路，后来，促成了他创办《晨报·诗镌》，以此为阵地兴起了新诗格律运动。

在艺专执教期间，闻一多的书房成了以清华诗人为主的青年文学者们的聚集地，与朱湘、刘梦苇、孙大雨等诗人往来频繁，定期开聚会进行诗歌交流，相互传阅、评论和朗诵彼此的作品，自然而然地形成了“闻氏沙龙”。

“闻氏沙龙”对中国新诗的贡献是功不可没的。闻一多在交流的过程中坚持认为，诗不论新旧，除了丰富的想象和饱满的感情，当注重音节、韵律、节奏、意境，而不是提笔就写，自由过头，从不考虑字句的长短、匀齐。徐志摩和饶孟侃等人也支持这一观点，慢慢地就形成了以闻一多为首的“格律派”。

随着“格律派”的壮大和不断地获得认可，大家商量着要创办一份诗刊，作为探索新诗、普及和评论新诗的阵地。当时徐志摩正在发行量极大的《晨报》担任副刊主编，在他的协助下，一起创办了《晨报·诗镌》，用于专门刊登诗作和诗歌评论，探索新诗的发展问题。

《诗镌》存活的时间并不长，却给当时的新诗指明了一条道。朱自清说：“虽然只出了十一号，留下的影响却很大——那时大家都做格律诗，有些从前极不顾形式的，也上起规矩来了。”

闻一多的格律诗理论和实践是以中国传统诗歌为资源，结合英国19世纪浪漫主义诗歌的特点，从而对中国新诗提出了一系列构想。“格律”这一命题，自从闻一多等人提出后，成了新诗史上不可回避的话题，为中国的新诗发展提出了一个规范，很快就被读者和诗人们接受，其影响在徐志摩乃至卞之琳等诗人的作品中都可见到。闻一多对格律新诗的实践性作品中，最著名的是《死水》，其诗以整齐的形式，铿锵的节奏，热烈又节制的情感和奇异的美学画面备受赞誉，就连徐志摩都说：“我想我这五六年来我们几个写诗的朋友多少都受到《死水》的作者的影响。”

《诗镌》停刊后，诗人们四处星散，加上爱女立英夭折，闻一多以诗寄情，写下了《忘了她》："忘掉她/像一朵忘掉的花——/那朝霞在花瓣上，/那花心的一缕香——/忘掉她，像一朵忘掉的花……"这首诗对美国现代女诗人蒂黛丝儿的模仿十分重，与其说是受到了启发和情感的触动，不如说是他为在格律诗中实现"中西艺术结婚后的宁馨儿"，从中寻找到了格律新诗的另一种境界。这时期的闻一多，诗歌创作不再仅是为了抒发内心的声音，而日渐用学者的思维去看待问题，赋予自己一种使命感。

古典诗研究

闻一多在人生中期思想出现了转折，靠执教谋生的他踏上了诗词研究的道路。他在青岛大学期间，学术研究集中在唐诗和《诗经》上。为了对唐诗有整体性的把握，他开始研究杜甫等其他诗人的社会地位及生活与情感，开始撰写《全唐诗人小传》，涉及 406 位诗人，手稿近 60 万字。1932 年，闻一多受聘于清华大学，从青岛去往北京。这一年他 34 岁。此次重返清华，是他人生中最重要的一件事情，在清华是他此生中产生学术成就最多的阶段。

回到清华的闻一多并不感到轻松。当时，清华国文系的6位教授多来自北大，且朱自清、俞平伯、陈寅恪、杨树达、刘文典都是著名的国学教授，唯有闻一多非中文科班毕业。虽然他发表过不少文章，但他名声最大的还是诗，给人们的印象不过是个写浪漫唯美句子的诗人。他在给饶孟侃的信中说："我近来最痛苦的是发现了自己的缺陷，一种最根本的缺陷——不能适应环境。因为这样，向外发展的路既然走不通，我就不能不转变向内走，在这向内走的路上，我却得着大安慰，因为我证实了自己在这向内的路上，很有发展的希望。"

决心"向内走"的闻一多在清华几年间完成的学术成果有：(1)《毛诗字典》；(2)《楚辞校议》；(3)《全唐诗校勘记》；(4)《全唐诗补编》；(5)《全唐诗人小传订补》；(6)《全唐诗人生卒年考》附《考证》；(7)《杜诗新传》；(8)《杜甫》(传记)。可以说他的研究对象几乎与诗有关，其研究范围基本都是战国、唐这两个诗歌鼎盛时代。

闻一多做学术研究，就和他的诗歌写作一样，无疑是对诗意的追寻，只是表现形式不同而已。初入清华时，闻一多对楚辞的研究也十分感兴趣，并且通过他那"楚人的性情"和"浪漫诗人"的气质，对楚国文化的理解要比一般学者有更多更新的见解。在给楚辞专家游国恩的信中说："近读诗骚，好标新义，然自恃学识肤浅，时时惧其说只邻与妄，不敢自信，质之高明，倘有以教我乎。”在学术方面，闻一多反对“经学的”、“历史的”、“文学的”三种旧读法，而采用“社会学”、“考古学”、“民俗学”等新方法，力图在文本的时代和读者时代之间建立互动，提出要用“《诗经》时代”的眼光，以“诗”的角度去读，要“求真求美”。因此，他的视野尤其开阔，在对传统文本的阐释上常出新意。在清华的第一年，他讲杜甫、《诗经》、《九歌》、王维以及其同派诗人、大一国文；到后来陆续加上杜诗、楚辞、乐府，中国古代神话研究……他的课，自始至终都贯穿着诗意。

在课堂上给学生讲课时，闻一多的言谈举止不自觉地表现出诗人风骚。讲楚辞时，他故意将课从上午调到黄昏后。“七点钟，电灯已经亮了，闻先生高梳着他那浓厚的黑发，架着银边的眼镜，穿着黑色的长衫，抱着他那数年来研究所得的大叠大叠的手抄稿本，像一位道士样的昂然走进教室里来。当学生们乱七八糟地起立致敬又复坐下之后，他也坐下了，但并不即刻开讲，却慢条斯理地掏出他自己的纸烟盒，打开来，对着学生们露出他那洁白的牙齿做蔼然的一笑，问道：‘哪位吸?’学生们笑了，自然并没有谁接受这 gentleman 风味的礼让。于是闻先生自己擦火柴吸了一支，使一阵烟雾在电灯下更加重他导师般神秘的笑容。于是像‘坐场诗’

一样，他搭着极其迂缓的腔调，念道：‘痛——饮——酒——熟——读——离骚，方得真名士！’这样地，他便开讲起来……”

想象力是诗人的武器，而闻一多在学术研究中也运用到了想象力。“把《诗经》当做‘臆想的剧院’”以得出“有趣味的假设”，他对学生和读者们说：“我已经替你把想象的齿轮拨动了，现在你让它们转吧，转吧！”这种方式不仅有助于发觉文本的美感，增添研究的趣味，而且也是一种历史书写的形式。

在清华平静任教的5年时光里，闻一多虽然没发表过一首诗，但是，他完成的论文包括《诗经》、唐诗、楚辞、神话、甲骨文、金文和文字考释等多方面领域，冯友兰评价说他的学问真正达到了炉火纯青的程度。诗歌批评方面，闻一多仍寄寓着对中国新诗的设想。1933年7月，他在臧克家的诗集《烙印》的序中，从以往对形式的关注转到了对内容的重视，他引用诗集中的诗句说明“这可不是混着好玩，这是生活”，并说“作一首寻常所谓的好诗，不是最难的事。但是，作一首有意义的，在生活上有意义的好诗，却大不相同”。而且他举例，认为将这种创作取向引申到古典诗歌传统中，臧克家继承了孟郊的传统，而批评苏轼的传统，“即令苏轼和苏轼的传统有优先占用‘诗’字，好了，让苏轼去他的，带着他的诗去！我们不要诗了。我们只要生活，生活磨出来的力，像孟郊所给我们的，是‘空螯’也好，是‘蜇吻涩齿’或‘如嚼木瓜’……”在新诗的追求中，闻一多依旧保持着《红烛》时代的激情，有着如他当年经历五四运动时希望打碎一切偶像的浪漫主义情怀。不过，随着年纪和社会阅历的增进，闻一多也日渐明白，浪漫主义较之理性主义是缺乏自信的，更需要一种外在的新偶像，作为激情的依附对象。不管是年轻时代的诗歌创作，还是中年时期的学术研究，无疑都是作为他狂飙情感的一种介质，是能让他的精神获得归宿感的真实载体。

闻一多出生楚地，古代的楚国不仅诞生了一位躬耕不食、佯狂不仕的楚狂接舆，而且也出了屈原这样的浪漫主义大诗人。对这些远古先人，闻一多一直视其为楷模。在早年的诗篇《李白之死》开首，他就引用李白的诗句“我本楚狂人，凤歌笑孔丘”作为自己的精神白描。后来，他在世人的面前多了“学者”、“民主斗士”等诸多形象，这不过是以他诗意的精神，去实践他的人生追求，在中国历史上最残酷的现实生活里，构建尼采哲学精神中的浪漫主义理想王国而树立的形象。不管他如何“三变”，贯穿他整个生命体系的依旧是诗的浪漫，诗的激情，诗的色彩。

从书斋隐士到“革命斗士”的转变

当年，学者罗隆基对闻一多的一生归纳为“三变”：第一变，希望在诗坛上大有作为的闻一多选择了国家主义；第二变，30 年代不再写诗，转而成为书斋隐士；第三变是在 40 年代，从一个学者变成革命斗士。在许多同时代的在政治上认可闻一多的人所写的回忆录里，包括对他的评价，其实并没有告诉人们一个真正的闻一多。在他们笔下，营造出的闻一多并非是知识分子，而是战士。

然而，曾在古典文学研究上取得丰硕成果，获得极高赞誉的闻一多，究竟是什么原因，使得其在人生的最后几年里，思想形态出现这样反差很大的转变？他变得有话说，要闹，当他有机会去美国讲学时，却偏偏留在国内这个“是非地”继续斗下去。1946 年 7 月 15 日，闻一多在昆明住宅附近被枪杀后，他的清华同学浦薛凤对此叹息不已：“予深信一多之性格、信念与作风，殆亦为此种构成因素之一。”这就是让我们需加以重新审视、深思的问题了。

性格说：理想主义浪漫激情

年轻时的闻一多，性格里被理想主义和浪漫主义充斥，这有他出生楚地，受乡土文化和家族观念影响有关，还有很大一部分与青春时代的五四思潮有关。闻一多从 13 岁考取清华学校到 23 岁毕业赴美留学，在清华园里整整度过了 10 年光景。这 10 年对于一个人的成长来说，足以影响一生。而这 10 年，正是中国社会新思潮萌芽，中西文化剧烈碰撞的时期。而闻一多在北京经历了一个完整的五四时期，从新文化运动到爱国学生运动的全过程，并手抄岳飞的《满江红》，表达内心的想法与情绪。到了 1922 年北京教师的索薪运动，他不再是个仅靠诗词呐喊的局外人，而是参与清华学生组织的集体罢考，支持抗议。即使在后来清华、外交部对罢考事件的处置问题上，他也表示出不妥协、不配合的态度。

似乎这个阶段的闻一多和 40 年代的“革命斗上”的形象相符。可是，我们不能回避的是，五四实在是一个矛盾的时代：表面上它强调科学，推崇理性，而实际上却是一群人热血沸腾的盲目追求。就五四的知识分子而言，他们诅咒宗教，反对偶像，反叛中国传统的主流文化儒家思想；另一方面，他们却极需偶像和信念来满足他们内心的饥渴，骨子里带有强烈的浪漫主义色彩。

作为五四精神产儿的闻一多，同样也逃不过与其他知识分子类似的宿命和选择。在西方启蒙思潮的理性作用下，他们主张“研究问题”，剖析现实，由于知识和视野的匮乏，又必须找到一种“主义”支撑思考模式，急于让所有的思考都有答案。这就促成了闻一多选择国家主义。

闻一多从美国归来之后的一段时间，还带着强烈的国家主义色彩。他早年在清华接受了西方自由和民主观念的影响，他的民主观念是早熟的，对于社会的发展变化也是以理想主义态度对待，加上他对社会底层有着天然的同情，很容易促成他对政治问题上的关心。

20 世纪 30 年代的中国社会，政治活动形形色色。闻一多却表现出令人奇怪的低调，他是新月社的成员，却没有新月社成员对社会现实的那种关注。闻一多初回清华时，对朋友罗隆基在政治上的一些理想抱负不以为然，一直持有自己的看法。闻一多是真正的诗人，出生楚地的他对屈原、庄子等人十分崇拜，楚人特有的浪漫主义激情影响他终生，也使他对社会政治抱有热情，但对于现实中的政治，他是既没能力参与也没有兴趣的。

在大学生活里，闻一多极少接触政治，即使是他在40年代参与的那些政治生活，也是以单纯的态度去对待，没有任何功利性，只是他为理想而奋斗的激情正好与某个政治团体的目的吻合。而这些政治团体，为实现预设的结果，也非常欢迎像闻一多这样的知识分子加入。

进入40岁后，闻一多越来越看不起做官的人，体现出传统知识分子对权贵的傲视态度，总体上说，他的性格比年轻时更加偏激。对于闻一多的性格，许纪霖这样分析："随着走出象牙塔，闻一多又重新燃起了浪漫主义的激情，激情的持续需要信仰的激励，一个斗士不能为斗而斗，他还需要奋斗的目标，需要某种乌托邦的理想。"

闻一多在40年代所追求的东西，或许连他都只有一些朦胧的意识，未必就清楚自己追求的东西会如何落到实处。他在那个阶段所写的文章，除了激情外，不少演说和言论中只提结果，缺少过程，甚至是简单和抽象的，难以探寻到实践的办法。显然，对于闻一多这样从少年时期就接受自由和民主教育的学者来说，没有自由和民主的生活，是不能适应的。当社会变得动荡，执政党的行为中越来越专制，他就会做出本能的反抗，在另一种精神依托上重新寻找一种"主义"，好让那股为理想奋斗的激情有依托和方向。

经济说：生活贫困和党政腐败

1940年后生活的巨变，是闻一多变成“战士”的不可回避的一个重要原因。这一年，大后方昆明通货膨胀，物价飞涨，战争缩减了教授们的薪水，导致他们的生活水平大幅度下降。闻一多家中子女多，负担重，每月薪金不足负担全家十天半月开支，最后只能靠变卖家用，透支、借债等办法勉强维持，就连他从北平好不容易带出来的几部线装古籍也忍痛卖给了清华图书馆。为了贴补家用，闻一多不断增加劳动强度，写文章，做报告，昼夜不停，堂堂大学教授干起了第二职业，除了刻印，还在中学兼课，可生活水平还是一降再降。为了节约，每顿吃的面粉，不得不靠买来小麦自己磨自己筛，闻一多甚至还亲自挽起袖子参加农耕劳作，所吸的纸烟也改成了自制的旱烟叶。对比30年代平静而物质优裕的生活，如今这般落魄的景象，不可能不使闻一多的心理产生微妙的变化，他的性格由此变得偏激也是难免的。

过去在北平，闻一多不仅是精神贵族，还身居大学这个世外桃源，对社会的不平等和不公正知之甚少，对他的冲击不大。抗战爆发之后，闻一多随学校徒步南迁昆明，一路上对大后方社会的落后和底层人民的贫困有了感性的认识，激起了他的同情。1940年以后，他沦为物质的贫民，整天忍饥挨饿后，那种困苦感和不公平感就变得直接和切身。再加上闻一多亲眼看见了统治阶层的种种腐败作风，达官显贵们在物质匮乏时代还大发国难财。闻一多虽然不懂政治，但哪怕再单纯的人，也都知道腐败与不公正所造成的民生凋敝，此后他就再也不能保持往常的超然，语气开始变得激奋起来。

倘若贫困尚可忍受，精神上的高压则让人忍无可忍。陈立夫主管教育后，加强了对大学的思想控制，他要求各大学校长以上的负责人都要加入国民党，还要统一交差等，引起了教授们的不满。闻一多和那些教授一样，都是出身清华、北大，然后留学欧美的，一直深知民主的好处，在思想上多数信仰自由主义。但不满情绪暂时还没有发展到反对的程度，毕竟在抗战时期，一般知识分子总认为国民党是国家的中心，蒋介石更是最高领袖。当时“人们对蒋委员长的崇拜与信任，几乎是没有限度的”，闻一多认为“只觉得那真是一个英勇刚毅的领导，对于这一个人，你除了钦佩，还有什么话可说呢”。

当国民党要求各大学系主任以上的教授集体加入国民党的时候，闻一多还天真地邀朱自清一块去登记入党（当时闻一多再三推辞未果，担任了清华中文系主任）。还是朱自清老练，提议“以未收到邀请为理由拒绝之”，闻一多等人才没有成功加入。而这时候的闻一多对领导抗日的国民党还是很有信心的。不久，一件看似偶然的事情，完全改变了闻一多对国民党和蒋介石的看法。

1943年春天，蒋介石发表了《中国之命运》。其内容是：以保守的民族主义立场诋毁五四以来的新文化，攻击西方的自由与民主，主张恢复中国的传统伦理价值，重建社会道德基础。这一国策性著作发表后，立刻在西南联大的教授中遭到了强烈的反对，自由知识分子们“带着蔑视和受辱的神情称它为无聊的废话”，金岳霖拒绝阅读这部强制人人必读的“最高领袖”著作。闻一多读了之后终于恍然大悟：蒋原来是这种人物。他后来在回忆中说：“《中国之命运》一书的出版，在我一个人是一个很重要的关键。我简直被那里面的义和团精神吓一跳。我们的英明的领袖原来是这样想法的吗？五四给我的影响太深，《中国之命运》公开的向五四的宣战，我是无论如何受不了的。”

目睹了国民党政治上的腐败和文化上的保守，连“最高领袖”蒋介石也要复古，背叛五四，闻一多是无法容忍的。他曾经崇拜的蒋介石不再值得信任，他为之奋斗的理想破灭，信仰上失去自由，再加上物质生活上的巨大落差，使他难以保持沉默。有一篇回忆闻一多的文章中说:“七七纪念会上,闻先生以响亮的声音,富有节奏的语调,忽徐忽疾地驳斥反动派污蔑学生运动的谬论道:‘有人说,近来昆明的学生又动起来了,是的,但是为什么?’接着又慷慨激昂地说:‘我过去只知研究学问,向不与问政治。抗战以后我觉得这看法不对了,要研究,没有书,还有更重要的,我要吃,我要喝,而现在连吃喝都成问题了。因此我了解到所谓研究学问是吃饱喝够的人的玩意儿,而老百姓要争的首先是吃和喝。’”经济的负重,物质生活上的巨大落差让闻一多连自己在30年代研究学问的事都否定了,最终导致心理完全失去平衡。

交友说:身边不乏政治思想传播人

俗话说“近朱者赤,近墨者黑”,一个人的人际圈往往会影响他的思想,这给剖析闻一多40年代的转变提供了另一个视角。

除了自己本身的原因外,与闻一多交往甚密的几个朋友都是“左”倾知识分子。其中,最有代表性的是吴晗、罗隆基和华岗,前两位都是清华大学的教授,与闻一多是同事。

罗隆基是清华园自由主义分子中最热心政治的一个。吴晗是比闻一多先一步，由学者转向政治的革命者，而华岗则是地地道道的职业革命家。

早年参加“新月”，闻一多是出于对诗歌、戏剧的热爱以及和徐志摩的友情。当“新月”的同人们为人权问题与国民党对抗时，闻一多却很平静，一头扎进故纸堆里做学问，毫无参与政治的兴趣。到了 30 年代，他还嘲笑罗隆基的政治热情，甚至还当面挖苦过他。但是，进入 40 年代，闻一多对现实生活极度失望后，改变了过去衡量人物的标准，只要对现实不满，在政治选择上和自己相同的，就会与他走到一起。最终，罗隆基成了闻一多进入民盟会的介绍人之一。

闻一多与吴晗性格气质截然不同，由于置身一个特定的历史时期，而走到一起。1932 年，闻一多到清华任教，吴晗当时是清华历史系三年级的学生，毕业后留在清华当助教。后来，吴晗应云南大学的聘请去了昆明，西南联大在昆明成立后，他又到联大，这时候两人还谈不上有什么交情。吴晗在《哭一多》中说：“当你做新诗人的时候，我知道你，并不尊敬你。当你埋头研究《诗经》、《楚辞》的时代，我明白你，并不接近你。可是，当这一晚上谈了三四个钟头以后，我们的思想和工作都结合在一起了，我不但了解你，接近你，而且尊敬你。”

在西南联大的吴晗小闻一多 10 岁，他身边有几个亲戚就是共产党员。与闻一多交往多次后，吴晗被闻一多的人格魅力和学识折服，同样，在大家都在对现实生活抱怨的时候，吴晗就会向闻一多谈起他对共产主义的了解和描述他理想中的美好社会。这是闻一多对共产党有好感的开始，但他并没想到要成为它的一员。闻一多早年参加过类似的社团活动，那些社团组织几乎和共产党同期诞生，那时的他对所有党派都是有成见的，所以他在 20 年代末期后，转向诗歌创作和学术研究。在学校的几次人事斗争中，他已感到自己不是一个适合政治活动的人。但是，到了联大后，他却改变了青年时代的认识，重新热心于政治活动，这样的转变是非常不易的，同样也与吴晗的影响是分不开的。

闻一多在加入民盟之前，曾和当时中国西南局的一个名叫刘浩的工作人员有过一次长谈。多年后，刘浩回忆道：“我和闻先生很亲切地畅谈了大约两小时，向他介绍敌后抗日根据地的情况，我党的主张，同时讲了国民党反动派阴谋对日妥协，准备反共等情况。闻先生很激动地说国民党专制腐败，没有希望。中国的事情全部寄托在共产党身上。并说，现在有些人还看不清国民党是没有希望的……闻先生还说有人邀他参加民盟，他正在考虑他参加民盟好不好，他想参加民盟不如参加共产党。我对闻先生说，参加民盟更方便活动，有利于推进民主运动。”

当时的吴晗已为民盟中央工作，他的活动目标很明确，就是在西南联大中发展一些教授进入民盟。而且，在闻一多加入民盟之前，他早年的许多朋友，如潘光旦、曾昭抡等人，已经是民盟的成员。可是，当吴晗请闻一多加入民盟时，他却并没有一口答应。他之所以犹豫，应该说其实也是顾及到了当时民盟里有些人的为人，不愿与这些人为伍，他有“不如加入共产党”这样的意愿，也是源于他阅读了共产主义的相关著作，对其中一些理念表示认同和理想式的向往。

当时的民盟，还是一个秘密组织，成员并不公开，闻一多的入盟词和登记表就被当场烧毁了。他加入民盟后，不少人对他的这一做法表示不解，柳映光在《闻一多就是我们的旗子》中这样描述：“当闻先生告诉我参加民盟的时候，我曾经劝阻他，我说：‘您没有加入的必要。’‘什么？没必要？告诉你，中国人都有必要！’他先是很生气，后来又很缓和地说：‘连孙毓棠先生也这样劝我，唉，以前我们讲清高，故意表现狷介，其实这才是上当。历代的统治者们有意地提倡这一套，目的就在使大家不去过问政治，好让他们为所欲为。今天我们不再自己上当了。’”

加入民盟，是闻一多人生中的重大转折。他原本就是一个专注认真的人，进入民盟后，他表现积极，还动员所了解的朋友和学生加入。他的朋友饶孟侃已信佛，闻一多还写了封公开信给他，说明自己这几年关心政治的原因。闻一多说："念佛与革命，都是现实的政治环境造成的。念佛看似通脱，实在通脱不了。革命呢？倒真是通脱得了的。"

闻一多加入民盟，纯属个人选择，有其合理性和必然性。他本是一个自由主义知识分子，在当时那种历史条件下做出那样的选择，除了个性、经济、交友方面的原因外，也与他所信奉的理想有关。他对他所信奉的东西几乎都当成一种宗教，这源于他浪漫主义的情怀。

吴晗使闻一多成了一个有党派色彩的知识分子，但在闻一多加入民盟后，是华岗对他不停地植入共产主义信念，从而改变了他所信奉的东西，也就是他的信仰。

当时华岗是中共地下党员，去昆明是因为中共派他去做大学教授统战工作。起初，他主要的工作就是与罗隆基和高知识分子联络，他到昆明后就组织了一个西南文化研究会，该秘密组织的活动，闻一多都参加了。在获得中央指示吸收闻一多这类的教授后，华岗多次找闻一多开诚布公地长谈，使他"找到了光明，看到了希望"。

闻一多终于走出了象牙塔，重新出现在战场上。不过，起初他是出现在文化批判的战场，至于政治批判，那还要过一段时间。这一过程也符合知识分子的思想逻辑和行动逻辑。但是，即便在他参加民主活动最积极的时候，他还是对吴晗表示，一旦民主自由实现了，他就要回到书斋去。

由此可见，闻一多并不像罗隆基那样，对政治一直有追求。他只是受到了外在的许多宣传的影响，主观地认为，当下的社会形势，只有革命才能真正实现他理想中的东西。特别是当他阅读了《联（布）共党史》和《列宁生平事业简史》之类的革命著作后，他对共产主义理念十分认同，很快就将其升华成了他的信仰。为此，吴晗在一次纪念他的会议上说过这样的话："闻先生在应允加入民盟的晚上，曾说自己是一个马列主义者，将来一定要请求加入共产党。"这显然是信仰驱使，其乌托邦的理想需要一个支点，因此他毫无功利地为自己选择一个类别，使他那楚人式的浪漫主义激情寻到一条皈依之途，让精神生活有寄托。

如今，在大环境的影响和渲染之下，人们所看见的闻一多，只是一个热血沸腾的红色革命战士，他崇尚自由主义的知识分子底色却被掩盖了。其实，闻一多反对一切专制，而非只是反对这个专制，不反对那个专制。一切不民主，不自由的东西，闻一多都是不能接受的。在清华中文系，当时与闻一多一起变的，还有朱自清。但朱自清是边走、边看、边想，虽然有变，但骨子里是怀疑的。相比之下，闻一多却是坚定的，一个浪漫主义者，早年接受过美式的民主自由教育，怀着无限激情，为那乌托邦的理想追求一步步走向激进，无条件地走向左翼的怀抱。传统自由的知识分子闻一多，就这样变为一个有党派的知识分子，在国民党统治者的残暴杀戮中，被枪定格为为人民牺牲的革命斗士。

第四辑　闻一多小传

十年清华时光

据清朝乾隆年间的《闻氏族谱》中记载，宋景二年，元军大败宋军，文天祥被俘。在押解途中获劫救，其旁系家族成员文良辅潜逃至湖北浠水，改文为闻，隐姓埋名，在巴河镇的望天湖边定居，世代繁衍生息。

闻一多是这个大家族的后人。他于 1889 年 11 月 24 日出生，族名“家骅”，学名“亦多”。他去清华读书后，改学名为“一多”。闻家是当地的书香世家，历代不乏考取了功名之人，祖父闻邦本（字固臣）也是一位清末秀才，通过读书“光宗耀祖”是这个大家族的子孙们的人生理想。

在这样的家庭风气影响下，闻一多很小就开始读书认字，对诗词和绘画十分感兴趣。5 岁时，他入自家小的私塾，接受传统的儒学教育。随着社会的开放，这个家族受到了新时代潮流的影响，私塾被改成了当时很流行的“小学”，他也跟着接受了历史、博物、修身等新课程的教育。在他 11

岁时，已读到了《东方杂志》、《新民丛报》等代表时代潮流的书刊。

1910年，在叔父的照管下，闻一多等7个兄弟来到武昌的两湖师范学堂附属高等小学读书。两年后，他在家人的指导下，报考清华。当时清华只在湖北招4名考生，闻一多的作文在众多考生中脱颖而出，“写《多闻阙疑》有几分梁任公的气势”得到了主考官的赞许，而其他功课却成绩平平。据清华学校庚申中等科《级史》中记载，1912年的42名入学同学中，以“文境之深浅定级次之高下”，将中等科分一至五年级，列入五年级的人仅有闻一多。

闻一多在清华园度过了人生中重要的10年时光。由于英文跟不上，他在进入清华的第二年留级了一年。即将毕业时，他为声援当时北京市高校教师的索薪斗争，参与了校内组织的罢考风潮，遭到推迟一年毕业的处分，原本是八年学制，他则读了10年。

当时的清华非常注重培养学生从事各种活动的能力。闻一多是班上的骨干，入学的第二年，由于自己的英语跟不上，他与同学发起了补课会，并被推选为副部长。并且担任其他社团的骨干、刊物主笔主编等。清华园里还经常举办演说会、辩论会一类的活动，有时还有“演装国会”，模仿美国和中国的法庭审案子，闻一多在这类活动中被推选为书记官、法官等角色。梁实秋在回忆中说：“他不善演说，因为他易激动，在情绪紧张的时候满脸涨得通红，反倒说不出话。”

清华学校是美国赔款建起的留美预备班，教师们都注重英文和理科而轻国学。闻一多偏偏对文科感兴趣，特别是古诗文。由于课堂上讲得少，他就利用课余和寒暑假进行自学，升入高等科后，学习任务变得更加繁重，他仍旧制订了一个读诗计划，在日记中如此写道：

> 近决志学诗，读诗自清、明以上，溯魏、汉、先秦。读《别裁》毕，读《明诗踪》，次《元诗选》、《宋诗选》，次《全唐诗》，次《八代诗选》，期于二年内读毕。

1919 年 5 月 4 日，北京城内发生大规模的学生运动。消息传到清华园，他心潮澎湃，整夜无法入睡，挥手写了一幅岳飞的《满江红》，贴在学生食堂内。第二天，学生们挤成一堆读没人署名的手书《满江红》，情绪更加高涨了。当晚全校学生自发组织大会，成立了“学生代表团”，闻一多与罗隆基、吴泽霖等人当选为代表团成员，他负责撰通电，写宣言，制标语的文书工作，亲手绘制宣传海报满城粘贴。

五四运动激发了闻一多骨子里的正义。1921 年春节过后，闻一多进入了毕业前的最后一个学期，同学们都在积极为毕业留美做准备，连船票和出国的服装都定好了。这个时候，北京高校的教师因长期被拖欠工资而展开了一场轰轰烈烈的索薪运动，北京市学生联合会表示，为声援老师们的索薪运动而集体罢考，以表抗议。

清华的学生组织也是北京学生联合会的成员之一，但是索薪运动并无清华教师，毕竟他们靠庚子赔款办校，不存在不发薪水的问题。因此，对北京学生联合会的号召，学生们就有考还是不考的分歧，而闻一多却坚决选择不参加大考。清华的态度也十分强硬，大凡不参加大考的学生一律取消学籍。闻一多等人最终只好挥泪离开清华。事后，外交部提出只要悔过认错，写一份悔过书就能回校复读，次年到海外留学。可是罢考的这 29 名学生却没有任何后悔，外交部要他们忏悔，认为是对他们人格的莫大侮辱。于是他们联名写了一篇《取消留级部令之研究》，发表在《清华周刊》上，公开表决“贪此小惠而遗玷终身，君子不为也”，对“留级部令”做了严厉的驳斥，还提出了一个令人深思的问题：“天下的事还有比出洋更要紧的没有?”

对此，外交部的口气软了，不再对此事加以追究，写悔过书之事不了了之。1921 年，被迫留级的闻一多住上了小单间，还结识了梁实秋。由于没新课程，他有了更多的时间和精力进行新诗创作。当年 11 月，他和梁实秋等人组织“清华文学社”，社内分诗歌、小说、戏剧三组，闻一多被推选为书记以及诗歌组的组长。在这期间，闻一多高度关注胡适、俞平伯、郭沫若、康白情等人的作品，开始尝试创作新诗，写出了《雨夜》、《月亮与人》等诗。到了 1920 年 7 月，《西岸》首度在《清华周刊》上刊出，新诗能正式发表，激发了闻一多的创作热情，那年暑假，他创作了十来首新诗，收录在他自编的《真我集》里。

闻一多在清华园里接触到了现代戏剧，对这种新剧产生了浓厚的兴趣，并在这个领域中显示出极高的才华。他既会编剧又善表演，很快就成为清华新剧社的副社长，后来又担任编演部总经理。剧社参加比赛，他所创作的独幕剧每次都名列前茅。不仅是编剧和演出，闻一多还担任背景设计，在美术方面显示出过人的天赋。小时候他就很喜欢绘画，到了清华之后深受美籍绘画老师的喜欢，经点化后，他的水彩画被称赞为“善露阳光，有灿烂晴日之景象”。清华三育评比，他的图画常常被评为本年级第一，作品还被选送到巴拿马博览会去参展。学校的《清华年刊》和《清华周刊》都聘请他担任美术编辑。升入高等科后，他和梁思成等几位美术爱好者在老师的启发下组织了美术社，既练习写生又开展研究。

他没想到，毕业后美术竟成了他留美的唯一选择。

1922年2月，准备从清华毕业之际，闻一多又收到父母的信要求其回家，与定有娃娃亲的高孝贞完婚。闻一多从来都不赞成这桩婚事，自从父母要求他们结婚，寒暑假就不再回家，尽管家书一封封地寄到清华，但都没用。

从清华毕业后，他被逼无奈，只好回家。面对婚姻，他摆出了“不祭祖，不拜天地，不摆酒席”的无礼要求，希望能吓跑新娘。可高家还是把人送来了。入洞房当晚，闻一多不知去向，留新娘独坐整夜的冷床。

在这期间，闻一多除了应付客人，把全部精力都投入到《律诗的研究》的论文写作里去，对新娘不理不睬，连陪新娘回娘家的风俗也不履行。3月中旬，他准备回清华等待出国的消息。临行前他提出把新娘送回娘家住，并要求她去读书，不愿接受一个没文化的妻子。

他走后两个月，高孝贞还住在婆家里，没回娘家更没去武昌去上学。他生气了，在信里发了一通牢骚，把家庭比成了“黑窟”，给弟弟闻家驷的信里如此抱怨：“家庭是一把铁链，捆着我的手，捆着我的脚，捆着我的喉咙，捆着我的脑筋，我不把他摆脱了，撞碎了，我将永远没有自由，永远没有生命!”然而，后来接触久后，闻一多慢慢发现了高孝贞的美，不但接纳了她还深深地爱着她，成为一段佳话。

留学美国赤子心

1922年8月1日，闻一多踏上了美国的土地，成为芝加哥美术学院的中国留学生。出国之前，他曾犹豫了一番，因为学校分配他去美国学美术，可他从未将绘画当成终生理想，不过是兴趣而已。他最大的志愿是研究中国的文化，到美国去能学什么呢？改学理工、政法，又不是他感兴趣和擅长的。后来，在美籍老师的劝导下，他才决定去美国。

学习美术，对于闻一多而言靠的是天赋，他轻而易举地就“七门功课已得六超等矣”，频频向家里报喜，学了4个月后，他又向父母汇报，“现在的分数是清一色的超了”。按美国的评分制度，“超”是最高的一等，清一色的超，就是说他的功课全部都达到了最高分，成为全年级成绩最优秀者，后来学校还给他颁发了最优等名誉奖。

在芝加哥，闻一多更倾向于新诗创作，心思都放在了文学研究上。他一边做诗歌评论，一边创作，获得阶段性收获，《红烛》诗集里的《孤雁》、《红豆》等篇都是留美这一年的作品。

可是，在美国的生活并不轻松，闻一多一直处于压抑状态，感到非常孤独。那时的美国社会种族歧视严重，有色人种在那里处处受到排斥，就连去理发都不受礼遇，生活处处不顺心。闻一多置身于这些金发碧眼的人中，连一个可以说话的人都没有，在给朋友的信里，他把生活形容为“干枯孤寂”，说“这一年生活苦极了”。他非常想念亲人和朋友，天天盼望他们来信，叮嘱朋友们“不要忘了那半球一个孤苦伶仃的东方老憨”。加之对婚姻的不满，当他看了反映郭沫若与安娜夫人生活片段的短篇小说《未央》后，激动地给梁实秋写信：“不消说得你是比我幸福的，便连沫若，他有安娜夫人，也比我幸福些……哦！我真不想再讲女人了啊！实秋，我只好痛哭!”

留美第二年，由于无法忍受生活的孤独，闻一多放弃在芝加哥美术学院就读，进入了梁实秋所在的科罗拉多大学。在这里，他一如既往地成绩优异，艺术系的教师对这名中国留学生很赏识，甚至赞美他这个人本身就是一件艺术品。

有梁实秋陪伴，闻一多的生活大有起色。两人终日形影不离，同苦同乐，一起欣赏诗文，彼此切磋，闻一多对婚姻问题的不满也日益淡化。最初，他们在印刷厂工人的家租房子，饭由房东管。后来搬到学校宿舍，饭菜只好自己做，两个大男人七手八脚地当起了厨师，用酒精炉做起了中国菜，苦中作乐亦有几分惬意。

1924年7月，清华三届留美学生成立政治团体“大江会”。闻一多和梁实秋专程赶往芝加哥参加成立仪式，在会上发表演说和宣誓，被宣誓词里的“国家主义”深深打动，并发誓要创办国家主义刊物。组织成立后，在留学生中发展新成员，扩大“大江会”的影响力。“大江会”引起了闻一多思想的转变。

芝加哥会议结束后，从科罗拉多大学英语系毕业的梁实秋去了波士顿哈佛大学。由于闻一多进入科罗拉多大学美术系时是插班生，他又不愿补休数学等理工科目，没获得学校颁发的毕业证，只得了结业证。但他觉得自己学的是美术，有没有文凭无所谓。

闻一多选择去纽约艺术学院深造，住在万国公寓里。虽说是来纽约深造，可他的心却放在戏剧上，由于余上沅、熊佛西等热衷新剧的积极分子也在万国公寓，在他们的影响之下，激发了闻一多的热情，使他在清华就显露出来的才华有了施展的舞台。

他们结成了好友，几次磋商后，他们决定用英文演出中国古装戏，最终推出了《牛郎织女》。取得了成功后，他们又相继推出了《杨贵妃》。这次公演大获成功，他们几个欣喜若狂，引来在波士顿的梁实秋、冰心等中国留学生的赞誉，也积极地筹演《琵琶行》。最终由于缺乏经验，只好请闻一多等人去指导和协助，才得以顺利演出。

由于《杨贵妃》的巨大成功，闻一多等人看到了希望，并萌生了回国开展“国剧运动”的想法。不愿回国当美术老师的闻一多觉得再留在美国学习已没意义，他毅然和余上沅、赵太侔等人携手登船，从美国西海岸回国。1925 年 6 月 1 日，客轮靠岸，闻一多踏上了他日思夜想的土地，从此开始了人生的另一个新阶段。

由诗人向学者转型

闻一多回国不久，就被正在恢复中的北京美术专门学校聘用。在他和一些新派教师的申请之下，美专增设音乐、戏剧专业，更名北京艺术专门学校，为闻一多和余上沅设想已久的“国剧运动”搭建了平台。洪深在《新文学大系·戏剧卷·导言》中评价说：“这是我国视为最卑鄙不堪之戏剧，与国家教育机关发生关系的第一朝。”

任教之初，闻一多对未来信心满满。有一则回忆如此描述他上课时的情形：“那天上美术课的时候，一位年轻教授穿着长褂子，挟着几本书来了。他一声不响，坐下来就讲他的书。似乎不是所想象的唯美诗人闻一多，他健康，浓眉，密发，锐亮的眼睛，高鼻子，微黑带赤的面色，讲书的时候，不管学生，声音低而沉静。”但不久，因教员人事斗争过于激烈，闻一多只好辞职。

1925 年秋天，闻一多结识了创办《醒狮周报》的李璜，对他组织的中国国家主义青年团和发起的国家主义运动深表赞赏。之后，他参加了他们的几次大型活动，直到“三一八”惨案发生后才停止参加此类活动，而将热情全部转移到文学创作上。

1926年初，闻一多将乡下的妻儿接来，在北京过起了家庭生活。不久，他的家就成了以清华为主的年轻诗人的聚点，朱湘、刘梦苇、孙大雨等诗人经常出入，相互传阅、朗诵和评论作品。后来，他们决定建设自己的阵地，办一个诗刊，但是申报和经费都很困难和紧张。正好徐志摩正担任《晨报副刊》的主编，于是他们找徐志摩协商，一起办起了《晨报·诗镌》。此后，清华诗人们在闻一多的推动之下，在《晨报·诗镌》上掀起了一场新诗格律化运动。

《晨报·诗镌》前后只出了十一号就停刊了，但留下的影响巨大。从那时起，诗人们都开始尝试着写格律诗，徐志摩也加入到这行列之中，成了格律派的代表之一。徐志摩曾说过：“这五六年来我们写诗的朋友多少都受到《死水》的作者的影响。我的笔本来是最不受羁勒的一匹野马，看到了一多的谨严的作品我方才憬悟到我自己的野性。”

与妻儿的天伦之乐才过了四个月，军阀张作霖和吴佩孚将冯玉祥的国民军赶出北京，京城形势大变，闻一多只好随大潮南下，把妻女送回老家后自己去了上海。当年8月，闻一多受聘于吴淞国立政治大学，担任督导长，主管学生的思想品德和人生观教育方面的工作。由于一时找不到理想的工作，这所学校的教师们又倾向国家主义，他就勉强留了下来。入冬不久，收到大女儿夭折的消息，他匆匆赶回家奔丧。当年10月，国民军攻占武昌，北伐军政治部主任邓演达邀请闻一多到政治部工作，因为生活军队化，闻一多特别不喜欢，赴任一个月后就提出辞职。

“四一二”政变后，蒋介石武力镇压共产党，也不能容忍国家主义，吴淞政治大学遭查封。闻一多失业了，躲在潘光旦家里避难，百无聊赖，心情郁闷，终日以篆刻、绘画、写诗消磨时光。他在给老友饶孟侃的信中说：“说来真是笑话，绘画原本是我的原配夫人，海外归来，逡巡两载，发妻背世，诗升正室。最近又置了个妙龄姬人——篆刻是也。似玉精神，如花面貌，亮能宠擅专房，遂使诗夫人顿兴弃扇之悲。”

1927年5月开始，闻一多经常参加新月社的聚会。徐志摩在上海筹建新月书店，打算出一刊《新月》杂志。闻一多买了书店的一支大股，书店开张时，他还特意绘制了“一个女人骑在新月上看书”作为开幕纪念册的封面。

当年7月，上海的《时事新报·学灯》刊登了闻一多的论文《诗经的性欲观》，在学术界引起不小轰动，武汉大学向闻一多发来聘书，请他担任中文系教授兼学长。1928 年 9 月，闻一多终于实现了他年少时的梦想，站在文学的讲坛上分享他多年来的心得。

为了这份工作，他几乎放弃了诗歌绘画，把所有精力都投入到中国古代文学的教研工作去。除了讲课外，他在杜甫和庄子的研究上下了很大的功夫，收集大量素材，写出了几篇不同凡响的论文来。可惜的是，他在任职的第二年，又陷入了学校人事矛盾的苦恼里，派系斗争愈加激烈，竟然有人煽动学生不去听闻一多的课。悲愤交加的闻一多干脆贴出告示，表明自己对这个职位如“鹓雏之视腐鼠”，宣告辞职。

辞去武汉大学工作的闻一多，再次来到上海，与朋友聚集。梁实秋的朋友杨振声正奉南京政府的派遣筹建青岛大学，于是便请他们去青岛大学任教。他们经过考察，认为青岛是个宜人的好地方，接受了聘请，闻一多担任中文系主任兼教授，梁实秋担任外语系主任兼图书馆馆长。

在青岛大学，闻一多大胆创新，开设了“中国文学史”、“唐诗”、“名著选读”、“英诗入门”等课程，同时对《楚辞》、《庄子》等中国古代文学深入研究，取得了很大的成果。他不仅继承了清代文人运用音韵训诂的治学方法去研究《诗经》，还借鉴西方科学方法去解剖、诠释，对现代《诗经》研究做出了突出的贡献。梁实秋称赞他“指示出一个崭新的研究方法”，说他的论文是“划时代的作品”。在此期间，他还挖掘与培养文学人才，对于一个语文得了 98 分，数学却是鸭蛋的学生，他坚持破格录取，这名学生最终成了著名的诗人，就是臧克家。

好景不长，青岛大学也出现了人事斗争和学潮。1930 年 11 月，学校发现有一批学生报考本校时用的是假文凭，决定全部取消他们的学籍。全校学生罢课，表示抗议，教务长潘道光打电话找警察来维持秩序，并将一半的学生开除，此事算平息。然而一年后，潘道光将找警察一事推到闻一多身上，导致他成了学生们的攻击对象。1931 年 9 月，学生响应北京学潮，又发生了一次闹学，不仅在本地游行，还一批批地要去南京请愿。10 月，青岛大学成立了反日救国会，179 名大学生不顾老师的反对坚决南下请愿，强行爬上火车，强迫司机开往南京。

南京政府要求青岛大学采取措施，阻止学生来请愿。闻一多作为学校的重要领导之一，也认为这种行为不能容忍，建议开除为首的学生。结果闹学潮扩大，学生都把矛头对准闻一多，学校的一些教员也怪他处置此事不当。

一波未平一波又起，青岛大学学生又因对《青岛大学学则》里的条例不满，第三次大规模的闹学潮又起，把学校领导闹得疲惫不堪。杨振声校长主动向教育部请辞，学校陷入了无人管理的地步，最终教育部干脆下令把学校解散了。

1932年，闻一多受聘为清华大学中文系教授，又回到了他熟悉的北京。回到清华，他吸取曾经的教训，决定向内发展，不从事政治和社会活动，不担任行政领导一类的工作，关起门来埋头读书，做学问，搞研究。他很清楚自己担任清华大学教授是破格的，这所高校特别看重资历，而他既不是中文或者中文相关专业毕业的，又没硕士、博士学衔（留美时学的是美术，美术专业没硕士、博士学衔），因此非下苦功夫不可。

在清华任教期间，是闻一多的文学研究硕果累累的时期。他策划了一项宏伟的工程，打算用5年的时间编写一部《诗经字典》，注明每个字的古音、古义、古形体，由于抗日战争爆发，这部伟作没能完成。闻一多深入研究《诗经》，还间接研究了战国以前的原始社会、古代神话、古代民俗和文字学、音韵学等领域，他甚至破了千百年来儒学家们解释《诗经》的传统框架，用西方科学的办法去剖析，在当时开拓了研究《诗经》的新途径。而诗歌却没一篇问世，在清华的5年时间里，他已把兴趣从艺术政治活动转向学术研究。

1937年，闻一多执教清华已满5年，按规定可休假一年，进行考察、调研、进修或者搞研究都行。闻一多打算回老家进行《诗经词典》的研究，正巧弟弟要回乡见亲眷，就让妻子和两个孩子随弟弟先走。

不久，发生“七七事变”，北京被日本兵包围，形势危险。闻一多只好带剩下的孩子离开，仅带得两部古书和一些手稿。事变过后，清华大学奉命与北京大学、南开大学组合为国立长沙临时大学，由于南下教师少，学校就让闻一多推迟休假，先到长沙的临时大学来任教。

刚在武昌与家人团聚的闻一多又动身去长沙，当年10月末抵达长沙。由于市内地方狭窄，临时大学的文学院转到了衡山脚下的圣经学校分校里。由于物质匮乏，当地生活习惯差距大，闻一多颇感不适，却没停止过古籍研究。

1937年冬天，上海、南京相续沦陷，日军又沿平汉线和长江两岸推进，直指武汉，长沙也成了危险之地。临时大学经国民教育部同意，前往昆明。迁移办法是，教职员发给路费津贴，身体强健的男学生统一组成旅行团，徒步去昆明。女同学或者身体弱的，学校安排车船前往。

闻一多与家人商量，让他们也转往昆明。这时老朋友顾毓琇来访，告诉闻一多他已担任民国教育部次长，正在筹建战时教育研究会，希望闻一多能参与。可是闻一多认为去政府工作就是“做官”，断然谢绝了老友的邀请。此事让妻子非常不满，埋怨他舍近求远，又要与家人分离，并带着孩子们与他怄气，一直不给他写信。

由于家庭人口多，开支大，为了省路费，闻一多参加了旅行团，徒步去昆明。师生们听说后都十分惊讶，杨振声还嘲笑他说："一多参加旅行团，应该带一具棺材走!"冯友兰等几位教授约好先游桂林，再从广西从安南去昆明，最后还是因"费用过巨之故，仍改偕学生步行"。

此次徒步去昆明，历时 68 天终于抵达。一路上，闻一多游览了大批名胜古迹，看到了沿路的少数民族风情，他还用绘画写"日记"，记录下所见的美景，并指导学生开展收集当地歌谣的工作，苦中作乐地和教员们蓄胡须，给妻子的回信中他说："你将来不要笑我，因为我已经长了一副极漂亮的胡须，这次临大搬到昆明，搬出好几个胡子，但大家都说只我与冯芝生的最美。"

4 月 28 日，旅行团抵达昆明，学校组织了盛大的欢迎仪式。闻一多在昆明收到了四封家书，十分高兴，连忙给妻子回信说："你说以后每天写一信来，更使我喜出望外，希望你不失信。如果你每星期真有一封信来，我发誓每星期回你一封。"一场因他不愿留下做官而引起的家庭风波就此结束。

困守昆明的烽火岁月

临时大学的文学院设在云南省的一个边陲小镇——蒙自，租用了法国人修建的一座小洋楼。闻一多到了蒙自，觉得这小地方偏僻安静，打算安住下来，进行研究。

每天除了吃饭、上课、如厕外，他从早到晚都不愿下楼，同事们都劝他何妨下楼来，最后落了个别名，叫“何妨一下楼先生”。而他不愿出行的原因还是因手头拮据，他在给妻子的信里说：“蒙自的地方很小，生活很简单。因为有些东西本地人用不着，我们却不能不用的，这些东西都是外来，价钱特别贵，所以我们初到此需要一笔颇大的‘开办费’。但是这些东西办妥了，以后恐怕就有钱无处用了，归根的讲，我们住蒙自还是比昆明省。”

南京沦陷后，日军继续进攻武汉和广州，他的妻子和孩子住在浠水巴河老家里，那里是日军攻打武汉的必经之路，情况十分危险。闻一多决定把家人接到昆明来，但面对的压力、阻力不小。他在给妻子的信中说：“日来正为此事踌躇，同事们也都劝我接你们来，所苦者只有两事不易解决：一、我自己不能分身，而家中又无人送你们。二、你们全来，盘费太大，今天接到陈文鉴来信，其意甚愿来滇复学，万一决定来，你们可以同他一路走，我只需到香港或海防来接你们，既可省点路费，又不多费时间，岂不甚好。至于你们的路费，我计算起来，少则五百元，多则六百元，数目实可观，然而为求安全起见，又有什么办法呢?”

为让妻儿来昆明，闻一多费尽心思，想了许多办法都无计可施时，他开始十分后悔当初没把妻儿们带出来，想到战乱，他也只好在信中求上天保佑了。1938 年 6 月下旬，临时大学聘请他的弟弟到外语系任教，终于在他弟弟的带领之下，一家人带着心惊肉跳的心情，从长沙几经辗转到贵阳，然后抵达昆明。那个暑假，临时大学的文学院也迁回了昆明，一家人终于团聚，在小西门内武成路福寿巷 3 号住下，开始了平静而拮据的生活。

过了一个月后，就在 9 月 28 日下午，昆明遭遇日军轰炸，闻一多被炮弹残片擦伤了脑袋，幸好没有大碍，仅在医院缝了几针就回家休养。可是，他并未停止研究工作，对《尚书》、《左传》、《论语》、《吕氏春秋》、《山海经》、《史记》中的古字句进行了考解和训诂，还做了一段时间的戏剧工作，在这些方面各自都取得了成果。

抗战之初，昆明的抗日救亡宣传工作虽然有，却做得不理想，声势不大。联大的师生到昆明后，一些热心戏剧的师生就筹划话剧，借此进一步推动抗战宣传工作。第一部剧是外文系教授陈荃改编的《祖国》，邀请到昆明的著名演员凤子担任主演，请闻一多负责舞台设计。《祖国》首演大获成功，给全体演职员极大的鼓励，接着他们又筹划了规模更大的演出，排练曹禺的名剧《原野》，而且还请到了曹禺担任导演，还未演出就获得全城关注，一经演出就轰动全城，大受欢迎，原定演出 9 天，应观众要求又加了 5 天。朱自清在回忆中这样说："这两个戏先后在新滇大戏院演出，每晚满座，看这两个戏差不多成了昆明社会的时尚，不去看好像短了些什么似的。这两个戏的演出确实是昆明一件大事，怕也是中国话剧界的一件大事。"

此外，闻一多还积极参加当地的抗战宣传工作，对宣传工作中存在的问题发表了自己的看法和建议。由于宣传对象是农民居多，他提出宣传内容不要以文字为主，改成音乐、绘画、戏剧的形式，要把"胜任的人才动员起来……组织起来"。

1939 年的暑假，闻一多获得清华的同意，补休一年的假期。为了避免飞机轰炸和减少家庭开支，他决定全家搬到滇池南端的晋宁县去，找一个僻静的地方好好地进行研究工作。这一年，他给自己制定了新的研究方法，用清代学者的考据办法，结合敦煌残卷、殷墟卜辞、商周铜器等有关资料，对先秦两汉时古书中一些字音、字义进行深入的研究和探讨，对古代文学的时代背景、思想潮流进行了必要的分析解说，完成并发表了《乐府诗笺》、《周易闲话》、《姜嫄履大人迹考》、《易林琼脂》等一批具有较高学术价值的著述与论文。

随着战争加剧，闻一多一家不停地搬家。到 1940 年 9 月搬到陈家营时，生活已十分艰难，基本上靠举债、变卖衣物来维持，并且还有同事一家人来避难，住房简陋而紧张，他们只好选择搬走。好友吴晗在回忆中如此描述闻一多这段生活的窘态："他住在乡下司家营时，一家八口（连老女佣）光包饭就得用全部月薪的两倍，时常有一顿没一顿，时常是一口大锅清水白菜加白饭。敌机绝迹以后，搬进城，兼了昆华中学的国文教员，每月有一担米，一点钱，加上刻图章，勉强可以维持。"

闻一多全家在司家营煎熬了三年多，等他们搬到文科所时，已耗掉了家里的所有积蓄，就连他做研究用的重要工具书都卖掉了，他在给兄弟的信中感叹，"书籍衣物变卖殆尽"，仍"时在断炊中度日"。

在饥寒困苦的生活折磨下，多年来深居书斋、埋头于古书的闻一多开始关注政治，变得要讲话，要闹，对社会现象表现出不满，而且不满情绪越来越重，这时他的文艺观也发生了质变。那些唯美的文字消失了，取而代之的是一些政治色彩颇强的意识形态分析。他自觉地将文学同政治斗争联系起来，公开宣布“新文学是要和政治打通的”。而且，为了政治斗争的需要，他学会了以历史来影射和论证现实，写出题为《关于儒·道·土匪》等这类文章来。而且闻一多还深深忏悔自己身上的奴性，发誓要“向人民学习”，坚信“知识分子只有和工农大众相结合才会成为不可战胜的力量”。

他在杂文《愈战愈烈》中说：“抗战是大家的抗战，国家是大家的国家，谁有权利来禁止我发问！”并宣布：“从今以后，我不打算有清闲日子了！”他就如吴晗在《拍案而起的闻一多》讲的那样：“一多的拍案而起，有两教员，一个正面教员是中国共产党，一个反面教员是国民党反动派，就时间说，反面教员在前，正面教员在后。”

1943 年夏天，联大的英国籍教授罗伯特·白英约闻一多与他合作编辑一本《中国新诗选》。在编辑的过程中，闻一多对田间的作品非常赏识，将他的诗称赞为“鼓的声音”。后来，他特地写了《时代的鼓手——读田间的诗》进行评论。这期间，闻一多的思想转变得厉害，他开始关注关于共产党思想的书籍，读相关的报纸，他在给学生臧克家的信中说：“你想不到我比任何人还恨那故纸堆，正因为恨它，更不能不弄个明白……经过10余年故纸堆的生活，我有了把握，看清了我们这民族，这文化的病症，我敢于开方了。”

1944年5月，闻一多接受了昆华中学让其兼任国文老师的聘请，全家搬进了昆华中学提供的宿舍里。在那所中学前后住了7个月，他大量阅读马克思主义和共产主义著作。在联大历史学会举行的“五四”25周年纪念座谈会上，一位教授强调学生的天职就是读书，过问国家大事，不免幼稚，是国家的不幸，闻一多反常地站起来辩驳：“学生是国家的主人，有权过问国家大事。”讲到学生闹事，他说：“我们就是要闹……五四是我们学生闹起来的，一二·九也是我们学生闹起来的，现在我们还要闹！”

从此，不管是校园里的活动还是昆明街头的群众性集会，都会有闻一多的声音，他那热情奔放的话语往往获得台下阵阵掌声。闻一多甚至在国民党第五军召开的时事座谈会上，当着众多军长和教授的面，公然发言：“现在只有一条路……革命！”

1944年初秋，吴晗突然登门拜访闻一多，他给闻一多带来了周恩来的亲笔信，内容大致为：像闻一多这样的知识分子对国民党反动派的腐败是反抗的，他们也在探索，在找出路，而且他们在学术界，在青年学生中，还有广泛的社会联系和影响。所以应该争取他们，团结他们。吴晗此次拜访就是来介绍闻一多加入民主同盟会的。

起初，闻一多还坚持“君子不党”的思想，经过吴晗的动员，他最终同意加入了中国民主同盟会。此后，他对民主活动表现出了极高的热情，全面阅读关于共产党的读物，除了毛泽东的《新民主主义论》、《论联合政府》，还读了《联共党史》、《列宁平生事业简史》等著作，并且将目光投向延安，一有机会就宣传马克思主义。在去石林旅游的路上，与师生畅谈他对共产主义的认识，并在云南护国起义纪念会上发表《护国起义与民主政治》的演讲，并支持以联大为主的昆明学生举行各种示威游行。甚至在昆华中学的讲堂上，也不回避政治讨论，宣传共产主义思想。后来，由于校方和教育部的干涉，闻一多不得不自动请辞，离开了昆华中学。

1945 年 1 月，闻一多抽到了学校分配的住房，搬到西仓坡联大教职工宿舍，这里就成了他从事民主运动的办公室兼会议室，他的宣言、电报、声明从这里源源不断地流向全市、全国，简陋的酱色大门整天开着，从早到晚客人进出不绝。当年 5 月，不断传来国际形势变化的消息，5 月 9 日德国投降，8 月 15 日，日本天皇通过广播宣读《终战诏书》，宣布无条件投降，国内一片欢腾。

抗战胜利了，闻一多立即实现诺言，将当年在来昆明的路上就蓄起的胡须剃掉，现场拍照纪念。抗日胜利后，中国共产党主张废除国民党一党专政，建立民主联合政府。而国民党也利用手中的精锐部队企图消灭共产党，并在国民党第六次全国代表大会上赤裸裸地发通告："日本是我们国外的敌人，中共是我们国内的敌人!"这声音一发出，国民党镇压民主进步组织的事件在昆明频频发生。

当年 11 月 25 日，联大举行了由 6000 多名大学、中学生组成的反内战时事演讲会，却遭到驻军邱清泉部队的开枪示威，恫吓和破坏演讲会，还火力进攻联大校舍、师范学院、工学院等学校，打死师生 4 人，打伤无数。为此，闻一多摆出了民主斗士的架势，写文章抨击，在烈士灵柩下葬时发表讲话，在学生和教授中做工作。

当教授会商讨是否为此事件集体罢教进行抗议时，闻一多和民主盟会的成员们一致支持罢教，遭到了傅斯年的强烈反对。最终通过了"停课七天"的折中方案，并全体通过了"请求政府将李宗黄先予以撤职处分，如不能办到撤职，则教授全体辞职"的决议。后来，闻一多争取到了和校常委梅贻琦进行谈话的机会，这场沸沸扬扬的学生运动才获得了一个较为满意的结果。而闻一多在这次事件里，俨然成了一个思想成熟、态度坚定的民主战士，发誓与敌人抗争到底。

1946年1月10日，国共双方同时下达停战令，规定13日午夜各自停止一切军事行动。政治协商会议在重庆举行。在会上，蒋介石承认党政合法化，实行普选，释放政治犯等四项诺言，经过20天的协商达成若干协议。闻一多对此次会议抱乐观态度，他在3月30日给三哥的信里说："弟因当选为民主同盟国大代表，大约两星期内须飞南京赴会，会后拟返北平，眷属则随校北返。"

1946年5月4日，联大的全体师生在图书馆举行结业典礼，学校当局宣布西南联合大学正式结束，北大、清华、南开三校的学生分别回到学校原址报道，准备10月份的开学。这时，闻一多得到美国加州大学的邀请，希望他到该校讲学。与此同时，冯友兰也得到宾夕法尼亚大学的邀请，想约闻一多一起去。可闻一多最终拒绝了，他就想留在这是非之地继续斗争下去。

这时国内的形势已大变，国民党向美国购进飞机、军舰，还将54万军队送到了华北、华东、东北等地，点燃了内战的烽火。闻一多被当地政府列入了跟踪对象，他家被抄查，蒋介石也对西南联大对闻一多等"不法教师侮辱党国"的行为没有处置十分不满，要求对他们加强管理。而当地的国民政府在给教育部的信里说："发言者，以联大教授吴晗、闻一多等，措辞偏激，攻击本党……"而1945年9月云南省社会处向社会部报告里说闻一多、吴晗等教授在庆祝胜利大会上的演讲，“抨击本党诋毁领袖”。由此，闻一多受到了特务系统高度监视，特务还大肆造谣，发布白色恐怖，赤裸裸地扬言“悬赏40万购买闻一多的头颅”。对此，闻一多对英国朋友白英幽默地说：“世界上最尴尬的事莫过于知道自己被盯梢，因为这会使你产生极为有害的错觉。”

联大宣布解散后，师生们纷纷走了。国民政府认为这是铲除民主斗士的好机会，霍揆彰就秘密组织了两个行动小组，暗杀民主同盟会的活跃分子和骨干，其中就有《民主周刊》的李公朴和闻一多。11日晚10点左右，李公朴和妻子从外面回来，走到青云街丁字路时遭遇伏击，被路人送到医院抢救。子夜1点时，闻一多接到通知，李公朴遭到枪击，正在医院抢救。他不顾自己发烧38摄氏度和人身安危，随几个学生一起出门，赶到医院时，李公朴已在一个小时前去世。

李公朴去世不久，便有传闻说下一个目标就是闻一多。可他不曾畏惧，坚决要为李公朴操办后事。对于李公朴的死，国民党抵赖不认罪，还故意在舆论上造谣，说是“共产党杀共产党”。闻一多为此坚决抗争，努力驳斥国民党对李公朴的污蔑，把追悼会改成了“李先生殉难经过报告”，还举办记者招待会，设法向社会公布李公朴被刺真相。

李公朴死后，《民主周刊》社没人敢去了，闻一多却说："不能向敌人示弱，难道李先生一死，工作就停顿了?"他帮忙编辑有关李公朴殉难的稿件，亲自和大家排字，安排印刷，在《学生报》"李公朴先生死难专号"上激昂题词："反动派！你看见一个人倒下去，可也看得见千百个继起的人!"

1946年7月15日，李公朴殉难经过报告会举行。在记者招待会上，闻一多本不想发言，可却有特务冲进来捣乱，故意提出一些挑衅性的问题，扰乱现场秩序。血气方刚的闻一多忍无可忍，他站到台上，说了一通壮怀激烈的话："我们不怕死，我们有牺牲的精神，我们随时像李先生一样，前脚跨出大门，后脚就不准备再跨进大门!"把在场的所有人镇住了。然而，就是这场演讲，给闻一多招来了杀身之祸。

记者招待会结束，已将近下午5点。这时候，为了避免两人同行时遇险，闻一多掩护楚图南先离开。然后他让大儿子出去放哨，没看到什么异常现象，父子俩便一起离开周刊社，路上还买了一份晚报，两人一边走一边往西仓坡的宿舍走去。

由于联大的教师已走完，宿舍周围十分寂静，这里早布下埋伏，闻一多并没有察觉。正当父子俩走到距离宿舍大门十几步远时，对面的粮仓有乱弹袭来，毫无防备的闻一多立刻倒下，他的长子为了掩护父亲而扑到他身上，特务们又向他的长子开枪，直到他从闻一多的身上滚下来，以为他死了后才放过。

家人听到枪声跑出来，将倒在地上的父子送往医院。他的长子身中 5 枪，经过抢救后保住了性命，腿部却落下终身残疾。而一代著名诗人、学者闻一多已当场牺牲，给他的妻子儿女们留下无尽的悲痛，引起当时社会各界的高度关注。他所未完成的无数论文给中国现代学术界留下了无尽的遗憾。他所给世人留下的“圣贤、骚人、逸士”的动人形象永远留在历史的天空，化作一颗美若红烛的星星，值得后人永远追忆、怀念。

第五辑　闻一多著作精选

（1）诗歌

红 烛

"蜡炬成灰泪始干"

——李商隐

红烛啊！
这样红的烛！
诗人啊！
吐出你的心来比比，
可是一般颜色？

红烛啊！
是谁制的蜡——给你躯体？
是谁点的火——点着灵魂？
为何更须烧蜡成灰，
然后才放出光来？

一误再误；
矛盾！冲突！

红烛啊！
不误，不误！
原是要“烧”出你的光来——
这正是自然底方法。

红烛啊！
既制了，便烧着！
烧吧！烧吧！
烧破世人的梦，
烧沸世人的血——
也救出他们的灵魂，
也捣破他们的监狱！

红烛啊！
你心火发光之期，
正是泪流开始之日。

红烛啊！
匠人造了你，

原是为烧的。
既已烧着，
又何苦伤心流泪？
哦！我知道了！
是残风来侵你的光芒，
你烧得不稳时，
才着急得流泪！

红烛啊！
流吧！你怎能不流呢？
请将你的脂膏，
不息地流向人间，
培出慰藉底花儿，
结成快乐的果子！
红烛啊！
你流一滴泪，灰一分心。
灰心流泪你的果，
创造光明你的因。

红烛啊！
“莫问收获，但问耕耘。”

红豆（一——十三）

“此物最相思”

——王维

一

红豆似的相思啊！
一粒粒的
坠进生命的磁坛里了……
听他跳激的音声，
这般凄楚！
这般清切！

二

相思着了火，
有泪雨洒着，
还烧得好一点；
最难禁的，
是突如其来，

赶不及哭的干相思。

三

意识在时间的路上旅行：
每逢插起一杆红旗之处，
那便是——
相思设下的关卡，
挡住行人，
勒索路捐的。

四

袅袅的篆烟啊！
是古丽的文章，
淡写相思的诗句。

五

比方有一屑月光，
偷来匍匐在你枕上，
刺着你的倦眼，
撩得你镇夜不睡，
你讨厌他不？

那么这样便是相思了！

六

相思是不作声的蚊子，
偷偷地咬了一口，
陡然痛了一下，
以后便是一阵的奇痒。

七

我的心是个没设防的空城，
半夜里忽被相思袭击了，
我的心旌
只是一片倒降；
我只盼望——
他恣情屠烧一回就去了；
谁知他竟永远占据着，
建设起宫墙来了呢？

八

有两样东西，
我总想撇开，

却又总舍不得：

我的生命，

同为了爱人儿的相思。

九

爱人啊！

将我作经线，

你作纬线，

命运织就了我们的婚姻之锦；

但是一帧回文锦哦！

横看是相思，

直看是相思，

顺看是相思，

倒看是相思，

斜看正看都是相思，

怎样看也看不出团圞二字。

十

我俩是一体了！

我们的结合，

至少也和地球一般圆满。

但你是东半球，
我是西半球，
我们又自己放着眼泪，
做成了这苍莽的太平洋，
隔断了我们自己。

十一

相思枕上的长夜，
怎样的厌厌难尽啊！
但这才是岁岁年年中之一夜，
大海里的一个波涛。
爱人啊！
叫我又怎样泅过这时间之海？

十二

我们有一天
相见接吻时，
若是我没小心，
掉出一滴苦泪，
渍痛了你的粉颊，
你可不要惊讶！

那里有多少年底
生了锈的情热底成分啊！

十三

我到底是个男子！
我们将来见面时，
我能对你哭完了，
马上又对你笑。
你却不必如此；
你可以仰面望着我，
像一朵湿蔷薇，
在雾后的斜阳里，
慢慢儿晒干你的眼泪。

死　水

这是一沟绝望的死水，
清风吹不起半点漪沦。
不如多扔些破铜烂铁，
爽性泼你的剩菜残羹。

也许铜的要绿成翡翠，
铁罐上锈出几瓣桃花；
再让油腻织一层罗绮，
霉菌给他蒸出些云霞。

让死水酵成一沟绿酒，
漂满了珍珠似的白沫；
小珠笑一声变成大珠，
又被偷酒的花蚊咬破。

那么一沟绝望的死水，
也就夸得上几分鲜明。

如果青蛙耐不住寂寞，
又算死水叫出了歌声。

这是一沟绝望的死水，
这里断不是美的所在，
不如让给丑恶来开垦，
看它造出个什么世界。

（2）文学评论

诗与批评

什么是诗呢？我们谁能大胆地说出什么是诗呢？我们谁能大胆地决定什么是诗呢？不能！有多少人是曾对于诗发表过意见，但那意见不一定是合理的，不一定是真理；那是一种个人的偏见，因为是偏见，所以不一定是对的。但是，我们怎样决定诗是什么呢？我以为，来测度诗的不是偏见，应该是批评。

对于“什么是诗”的问题，有两种对立的主张：

有一种人以为：“诗是不负责的宣传。”

另一种人以为：“诗是美的语言。”

我们念了一篇诗，一定不会是白念的，只要是好诗，我们念过之后就受了他的影响：诗人在作品中对于人生的看法影响我们，对于人生的态度影响我们，我们就是接受了他的宣传。诗人用了文字的魔力来征服他的读者，先用了这种文字的魅力使读者自然地沉醉，自然地受了催眠，然后便自自然然的接受了诗人的意见，接受了他的宣传。这个宣传是有如何的效果呢？诗人不问这个，因为他的宣传是不负责的宣传。诗人在作品里所表示的意见是可靠的吗？这是不一定的，诗人有他自己的偏见，偏见是不一定对的，好些人把诗人比做疯子，疯子的意见怎么能是真理呢？实在，好些诗人写下了他的诗篇，他并不想到有什么效果，他并不为了效果而写诗，他并不为了宣传而写诗，他是为写诗而写诗的；因之，他的诗就是一种不负责的东西了，不负责的东西是好的吗？这是一个很重要的问题，所以，第一种主张就侧重在这种宣传的效果方面，我想，这是一种对于诗的价值论者。

好些人念一篇诗时是不理会它的价值的，他只吟味于词句的安排，惊喜于韵律的美妙：完全折服于文字与技巧中。这种人往往以为他的态度仅止于欣赏，仅止于享受而已，他是为念诗而念诗。其实这是不可能的事，在文字与技巧的魅力上，你并不只享受于那份艺术的功力，你会被征服于不知不觉中，你会不知不觉的为诗人所影响，所迷惑。对于这种不顾价值，而只求感受舒适的人，我想他们是对于诗的效率论者。

这两种态度都不是对的。因为单独的价值论或是效率论都不是真理。我以为，从批评诗的正确的态度上说，是应该二者兼顾的。

柏拉图在他的《理想国》中赶走了诗人，因为他不满意诗人。他是一个极端的价值论者，他不满意于诗人的不负责的宣传。一篇诗作是以如何残忍的方式去征服一个读者。诗篇先以美的颜面去迷惑了一个读者，叫他沉迷于字面，音韵，旋律，叫他为了这些而奉献了自己，然而又以诗人的偏见深深烙印在读者的灵魂与感情上，然而这是一个如何的烙印——不负责的宣传已是诗的顶大的罪名了，我们很难有法子让诗人对于他的宣传负责（诗人是否能负责又是一个问题）。这样一来，为了防范这种不负责的宣传，我们是不是可以不要诗了呢？不行，我们觉得诗是非要不可，诗非存在不可的。

既然这样，所以我们要求诗是“负责的宣传”。我们要求诗人对他的作品负责，但这也许是不容易的事，因之，我们想得用一点外力，我们以社会使诗人负责。

负责的问题成为最重要的了，我们为了诗的光荣存在而辩护，所以不能不要求诗的宣传作用是负责的，是有益于社会的。我们想，若是要知道这宣传是否负责而用新闻检查的方式，实在是可笑的，我们不能用检查去了解，我们要用批评去了解；目前的诗著作是可用检查的方式限制的，但这限制至少对于古人是无用的；而且事实上有谁会想出这种类似焚书坑儒的事来折磨我们的诗人呢？我想应该不会，在苏联和别的国家也许用一种方法叫诗人负责，方法很简单，就是，拉着诗人的鼻子走，如同牵牛一样，政府派诗人做负责的诗，一个纪念，叫诗人做诗，一个建筑落成，叫诗人做诗。这样，好些“诗”是给写出来了，但结果，在这种方式下产生出来的作品，只是宣传品而不是诗了。既不是诗，宣传的力量也就小了或甚至没有了。最后，这些东西既不是诗又不是宣传品，则什么都不是了。我们知道马也可夫斯基写过诗，也写过宣传品，后来他自杀了，谁知道他为什么自杀呢？所以我想，拉着诗人的鼻子走的方式并不是好的方式。

政府是可以指导思想的。但叫诗人负责，这不是政府做得到的；上边我说，我们需要一点外力，这外力不是发自政府，而是发自社会，我觉得去测度诗的是否为负责的宣传的任务不是检查所的先生完成得了的，这个任务，应该交给批评家。

每个诗人都有他独特的风格，作风，意见与态度，这些东西会表现在作品里。一个读者要只单选上一位诗人的东西读，也许不是有益而且有害的，因为，我们无法担保这个诗人是完全对的，我们一定要受他的影响，若他的东西有了毒，是则我们就中毒了。鸡蛋是一种良好的食品，既滋补而又可口，但据说吃多了是有毒的，所以我们不能天天只吃鸡蛋，我们要吃别的东西。

读诗也一样，我觉得无妨多读，从庞乱中，可以提取养料来补自己，我们可以读李白、杜甫、陶潜、李商隐、莎士比亚、但丁、雪莱，甚至其他的一切诗人的东西，好些作品混在一起，有毒的部分抵消了，留下滋养的成分；不负责的部分没有了，留下负责的成分。因为，我们知道凡是能够永远流传下去的东西，差不多可以说是好的，时间和读者会无情地淘汰坏的作品。我以为我们可以有一个可靠的选本，让批评家精密地为各种不同的人选出适于他们的选本，这位批评家是应该懂得人生，懂得诗，懂得什么是效率，懂得什么是价值的这样一个人。

我以为诗是应该自由发展的。什么形式什么内容的诗我们都要。我们设想我们的选本是一个治病的药方，那么，里面可以有李白，有杜甫，有陶渊明，有苏东坡，有歌德，有济慈，有莎士比亚；我们可以假想李白是一味大黄吧，陶渊明是一味甘草吧，他们都有用，我们只要适当的配合起来，这个药方是可以治病的。所以，我们与其去管诗人，叫他负责，我们不如好好的找到一个批评家，批评家不单可以给我们以好诗，而且可以给社会以好诗。

历史是循环的，所以我现在想提到历史来帮助我们了解我们的时代，了解时代赋予诗的意义，了解我们批评诗的态度。封建的时代我们看得出只有社会，没有个人，《诗经》给他们一个证明。《诗经》的时代过去了，个人从社会里边站出来，于是我们发觉《古诗十九首》实在比《诗经》可爱，《楚辞》实在比《诗经》可爱。因为我们自己现在是个人主义社会里的一员，我们所以喜爱那种个人的表现，我们因之觉得《古诗十九首》比《诗经》对我们亲切。《诗经》的时代过去了之后，个人主义社会的趋势已经非常明显了。

而且实实在在就果然进到了个人主义社会。这时候只有个人，没有社会。个人是耽沉于自己的享乐，忘记社会，个人是觅求“效率”以增加自己愉悦的感受，忘记自己以外的人群。陶渊明时代有多少人过极端苦难的日子，但他不管，他为他自己写下他闲逸的诗篇。谢灵运一样忘记社会，为自己的愉悦而玩弄文字——当我们想到那时别人的苦难，想着那幅流民图，我们实实在在觉得陶渊明与谢灵运之流是多么无心肝，多么该死——这是个人主义发展到极端了，到了极端，即是宣布了个人主义的崩溃，灭亡。杜甫出来了，他的笔触到广大的社会与人群，他为了这个社会与人群而同其欢乐，同其悲苦，他为社会与人群而振呼。杜甫之后有了白居易，白居易不单是把笔濡染着社会，而且他为当前的事物提出他的主张与见解。诗人从个人的圈子走出来，从小我而走向大我，《诗经》时代只有社会，没有个人，再进而只有个人没有社会，进到这时候，已经是成为了个人社会（Individual Society）了。

到这里，我应提出我是重视诗的社会的价值了。我以为不久的将来，我们的社会一定会发展成为 Society of lndividual，Individual for Society（社会属于个人，个人为了社会）的。诗是与时代同其呼吸的，所以，我们时代不单要用效率论来批评诗，而更重要的是以价值论诗了，因为加在我们身上的将是一个新时代。

诗是要对社会负责了，所以我们需要批评。《诗经》时代何以没有批评呢？因为，那些作品都是负责的，那些作品没有“效率”，但有“价值”，而且全是“教育的价值”，所以不用批评了。（自然，一篇实在没有价值的东西也可以“说”得出价值来的，对这事我们可以不必论及了。）个人主义时代也不要批评，因为诗就只是给自己享受享受而已，反正大家标准一样，批评是多余的；那时候不论价值，因为效率就是价值。（诗话一类的书就只在谈效率，全不能算是批评。）但今天，我们需要批评，而且需要正确而健康的批评。

春秋时代是一个相当美好的时代，那时候政治上保持一种均势。孔子删诗，孔子对于诗作过最好的，最合理的批评。在《左传》上关于诗的批评我认为是对的，孔子注重诗的社会价值。自然，正确的批评是应该兼顾到效率与价值的。

从目前的情形看，一般都只讲求效率了，而忽视了价值，所以我要大声疾呼请大家留心价值。有人以为着重价值就会忽略了效率，就会抹煞了效率。我以为不会。这种担心是多余的。我们不要以为效率会被抹煞，只要看看普遍的情形。我们不是还叫读诗叫欣赏诗吗？我们不是还很重视于字句声律这些东西吗？社会价值是重要的，我们要诗成为“负责的宣传”，就非得着重价值不可，因为价值实在是被“忽视”了。

诗是社会的产物。若不是于社会有用的工具，社会是不要它的。诗人掘发出了这原料，让批评家把它做成工具，交给社会广大的人群去消化。所以原料是不怕多的，我们什么诗人都要，什么样的诗都要，只要制造工具的人技术高，技术精。

我以为诗人有等级的，我们假设说如同别的东西一样分做一等二等三等，那么杜甫应该是一等的，因为他的诗博大。有人说黄山谷、韩昌黎、李义山等都是从杜甫来的，那么，杜甫是包罗了这么多“资源”，而这些资源大部是优良的美好的，你只念杜甫，你不会中毒；你只念李义山就糟了，你会中毒的，所以李义山只是二等诗人。陶渊明的诗是美的，我以为他诗里的资源是类乎珍宝一样的东西，美丽而没有用，是则陶渊明应在杜甫之下了。

所以，我们需要懂得人生，懂得什么是效率，懂得诗，懂得什么是价值的批评家为我们制造工具，编制选本，但是，谁是批评家呢？我不知道。

诗的格律

一

假定“游戏本能说”能够充分的解释艺术的起源，我们尽可以拿下棋来比做诗；棋不能废除规矩，诗也就不能废除格律。（格律在这里是 form 的意思。“格律”两个字最近含着了一点坏的意思；但是直译 form 为形体或格式也不妥当。并且我们若是想起 form 和节奏是一种东西，便觉得 form 译作格律是没有什么不妥的了。）假如你拿起棋子来乱摆布一气，完全不依据下棋的规矩进行，看你能不能得到什么趣味？游戏的趣味是要在一种规定的条律之内出奇制胜。做诗的趣味也是一样的。假如诗可以不要格律，做诗岂不比下棋，打球，打麻将还容易些吗？难怪这年头儿的新诗“比雨后的春笋还多些”。我知道这些话准有人不愿意听。但是 Bliss Perry 教授的话来得更古板。他说“差不多没有诗人承认他们真正给格律缚束住了。他们乐意带着脚镣跳舞，并且要带别个诗人的脚镣”。

这一段话传出来，我又断定许多人会跳起来，喊着：

“就算它是诗，我不做了行不行?”老实说，我个人的意思以为这种人就不做诗也可以，反正他不打算来带脚镣，他的诗也就做不到怎样高明的地方去。杜工部有一句经验语很值得我们揣摩：“老去渐于诗律细。”

诗国里的革命家喊道：“皈返自然!”他们以为有了这四个字，便师出有名了。其实他们要知道自然界的格律，虽然有些像蛛丝马迹，但是依然可以找得出来。不过自然界的格律不圆满的时候多，所以必须艺术来补充它。这样讲来，绝对的写实主义便是艺术的破产。“自然的终点便是艺术的起点”，王尔德说得很对。自然并不尽是美的。自然中有美的时候，是自然类似艺术的时候。最好拿造型艺术来证明这一点。我们常常称赞美的山水，讲它可以入画。的确中国人认为美的山水，是以像不像中国的山水画做标准的。欧洲文艺复兴以前所认为女性的美，从当时的绘画里可以证明，同现代的女性美的观念完全不合；但是现代的观念又同希腊的雕像所表现的女性美相符了。

这是因为希腊雕像的出土，促成了文艺复兴，文艺复兴以来，艺术家描写美人，都拿希腊的雕像做蓝本，因此便改造了欧洲人的女性美的观念。我在赵瓯北的一首诗里发现了同类的见解。

绝似盆池聚碧孱，嵌空石笋满江湾。

化工也爱翻新样，反把真山学假山。

这径直是讲自然在模仿艺术了。自然界当然不是绝对没有美的。自然界里面也可以发现出美来，不过那是偶然的事。偶然在言语里发现了一点类似诗的节奏，便说言语就是诗，便要打破诗的音节。要它变得和言语一样——这真是诗的自杀政策了。（注意我并不反对用土白做诗，我并且相信土白是我们新诗的领域里一块非常肥沃的土壤，理由等将来再仔细的讨论。我们现在要注意的只是土白可以“做”诗；这“做”字便说明了土白须要经过一番锻炼的工作然后才能成诗。）诗的所以能激发情感，完全在它的节奏；节奏便是格律。莎士比亚的诗剧里往往遇见情绪紧张到万分的时候，便用韵语来描写。歌德作《浮士德》也曾采用同类的手段，在他致席勒的信里并且提到了这一层。韩昌黎“得窄韵则不复傍出。而因难见巧，愈险愈奇……”这样看来，恐怕越有魅力的作家，越是要带着脚镣跳舞才跳得痛快，跳得好。只有不会跳舞的才怪脚镣碍事。只有不会做诗的才感觉得格律的缚束。对于不会做诗的，格律是表现的障碍物；对于一个作家，格律便成了表现的利器。

又有一种打着浪漫主义的旗帜来向格律下攻击令的人。

对于这种人，我只要告诉他们一件事实。如果他们要像现在这样的讲什么浪漫主义，就等于承认他们没有创造文艺的诚意。因为，照他们的成绩看来，他们压根儿就没有注意到文艺的本身，他们的目的只在披露他们自己的原形。顾影自怜的青年们一个个都以为自身的人格是再美没有的，只要把这个赤裸裸的和盘托出，便是艺术的大成功了。你没有听见他们天天唱道“自我的表现”吗？他们确乎只认识了文艺的原料，没有认识那将原料变成文艺所必需的工具。他们用了文字作表现的工具，不过是偶然的事。他们最称心的工作是把所谓“自我”披露出来，是让世界知道“我”也是一个多才多艺，善病工愁的少年；并且在文艺的镜子里照见自己那倜傥的风姿，还带着几滴多情的眼泪，啊！啊！那是多么有趣的事！多么浪漫！不错，他们所谓浪漫主义，正浪漫在这一点上，和文艺的派别绝不发生关系。这种人的目的既不在文艺，当然要他们遵从诗的格律来做诗，是绝对办不到的；因为有了格律的范围，他们的诗就根本写不出来了，那岂不失了他们那“风流自赏”的本旨吗？所以严格一点讲起来，这一种伪浪漫派的作品，当它作把戏看可以，当它作西洋镜看也可以，但是万不能当它作诗看。格律不格律，因此就谈不上了。让他们来反对格律，也就没有辩驳的价值了。

上面已经讲了格律就是 form。试问取消了 form，还有没有艺术？上面又讲到格律就是节奏。讲到这一层更可以明了格律的重要；因为世上只有节奏比较简单的散文，决不能有没有节奏的诗。本来诗一向就没有脱离过格律或节奏。这是没有人怀疑过的天经地义。如今却什么天经地义也得有证明才能成立？是不是？但是为什么闹到这种地步呢——人人都相信诗可以废除格律？也许是“安拉基”精神，也许是好时髦的心理，也许是偷懒的心理，也许是藏拙的心理，也许是……那我可不知道了。

二

前面已经稍稍讲了讲诗为什么不当废除格律。现在可以将格律的原质分析一下了。从表面上看来，格律可以从两方面讲：（一）属于视觉方面的，（二）属于听觉方面的。这两类其实不当分开来讲，因为它们是息息相关的。

譬如属于视觉方面的格律有节的匀称，有句的均齐。属于听觉方面的有格式，有音尺，有平仄，有韵脚；但是没有格式，也就没有节的匀称，没有音尺，也就没有句的均齐。

关于格式，音尺，平仄，韵脚等问题，本刊上已经有饶孟侃先生论新诗的音节的两篇文章讨论得很精细了。不过他所讨论的是从听觉方面着眼的。

至于视觉方面的两个问题，他却没有提到。当然视觉方面的问题比较占次要的位置。但是在我们中国的文学里，尤其不当忽略视觉一层，因为我们的文字是象形的，我们中国人鉴赏文艺的时候，至少有一半的印象是要靠眼睛来传达的。原来文学本是占时间又占空间的一种艺术。既然占了空间，却又不能在视觉上引起一种具体的印象——这本是欧洲文字的一个缺憾。我们的文字有了引起这种印象的可能，如果我们不去利用它，真是可惜了。所以新诗采用了西文诗分行写的办法，的确是很有关系的一件事。姑无论开端的人是有意的还是无心的，我们都应该感谢他。因为这一来，我们才觉悟了诗的实力不独包括音乐的美（音节），绘画的美（词藻），并且还有建筑的美（节的匀称和句的均齐）。这一来，诗的实力上又添了一支生力军，诗的声势更加浩大了。所以如果有人要问新诗的特点是什么，我们应该回答他：增加了一种建筑美的可能性是新诗的特点之一。

近来似乎有不少的人对于节的匀称和句的均齐表示怀疑，以为这是复古的象征。做古人的真倒霉，尤其做中华民国的古人！你想这事怪不怪？做孔子的如今不但“圣人”“夫子”的徽号闹掉了，连他自己的名号也都给褫夺了，如今只有人叫他作“老二”；但是耶稣依然是耶稣基督，苏格拉提依然是苏格拉提。你做诗摹仿十四行体是可以的，但是你得十二分的小心，不要把它做得像律诗了。我真不知道律诗为什么这样可恶，这样卑贱！何况用语体文写诗写到同律诗一样，是不是可能的？并且现在把节做到匀称了，句做到均齐了，这就算是律诗吗？

诚然，律诗也是具有建筑美的一种格式；但是同新诗里的建筑美的可能性比起来，可差得多了。律诗永远只有一个格式，但是新诗的格式是层出不穷的。这是律诗与新诗不同的第一点。做律诗，无论你的题材是什么，意境是什么，你非得把它挤进这一种规定的格式里去不可，仿佛不拘是男人，女人，大人，小孩，非得穿一种样式的衣服不可。但是新诗的格式是相体裁衣。

例如《采莲曲》的格式决不能用来写《昭君出塞》，《铁道行》的格式决不能用来写《最后的坚决》，《三月十八日》的格式决不能用来写《寻找》。

在这几首诗里面，谁能指出一首内容与格式，或精神与形体调和的美，在那印板式的律诗里找得出来吗？在那乱杂无章，参差不齐，信手拈来的自由诗里找得出来吗？

律诗的格律与内容不发生关系，新诗的格式是根据内容的精神制造成的。这是它们不同的第二点。律诗的格式是别人替我们定的，新诗的格式可以由我们自己的意匠来随时构造。这是它们不同的第三点。有了这三个不同之点，我们应该知道新诗的这种格式是复古还是创新，是进步还是退化。

现在有一种格式：四行成一节，每句的字数都是一样多。这种格式似乎用得很普遍。尤其是那字数整齐的句子，看起来好像刀子切的一般，在看惯了参差不齐的自由诗的人，特别觉得有点稀奇。他们觉得把句子切得那样整齐，该是多么麻烦的工作。他们又想到做诗要是那样的麻烦，诗人的灵感不完全毁坏了吗？灵感毁了，还那里去找诗呢？不错，灵感毁了，诗也毁了。

但是字句锻炼得整齐，实在不是一件难事；灵感决不致因为这个就会受了损失。我曾经问过现在常用整齐的句法的几个作者，他们都这样讲；他们都承认若是他们的那一首诗没有做好，只应该归罪于他们还没有把这种格式用熟；这种格式的本身不负丝毫的责任。我们最好举两个例来对照着看一看，一个例是句法不整齐的；一个是整齐的，看整齐与凌乱的句法和音节的美丑有关系没有——

我愿透着寂静的朦胧，薄淡的浮纱，
细听着淅淅的细雨寂寂的在檐上，
激打遥对着远远吹来的空虚中的嘘叹的声音，
意识着一片一片的坠下的轻轻的白色的落花。

说到这儿，门外忽然风响，

老人的脸上也改了模样；

孩子们惊望着他的脸色，

他也惊望着炭火的红光。

到底那一个的音节好些——是句法整齐的，还是不整齐？更彻底的讲来，句法整齐不但于音节没有妨碍，而且可以促成音节的调和。这话讲出来，又有人不肯承认了。我们就拿前面的证例分析一下，看整齐的句法同调和的音节是不是一件事。

孩子们｜惊望着｜他的脸色

他也｜惊望着｜炭火的｜红光

这里每行都可以分成四个音尺，每行有两个“三字尺”（三个字构成的音尺之简称，以后仿此）和两个“二字尺”，音尺排列的次序是不规则的，但是每行必须还他两个“三字尺”两个“二字尺”的总数。这样写来，音节一定铿锵，同时字数也就整齐了。所以整齐的字句是调和的音节必然产生出来的现象。绝对的调和音节，字句必定整齐。（但是反过来讲，字数整齐了，音节不一定就会调和，那是因为只有字数的整齐，没有顾到音尺的整齐——这种的整齐是死气板脸的硬嵌上去的一个整齐的框子，不是充实的内容产生出来的天然的整齐的轮廓。）

这样讲来，字数整齐的关系可大了，因为从这一点表面上的形式，可以证明诗的内在的精神——节奏的存在与否。如果读者还以为前面的证例不够，可以用同样的方法分析我的《死水》。

这首诗从第一行

这是｜一沟｜绝望的｜死水

起，以后每一行都是用三个“二字尺”和一个“三字尺”构成的，所以每行的字数也是一样多。

结果，我觉得这首诗是我第一次在音节上的最满意的试验。因为近来有许多朋友怀疑到《死水》这一类麻将牌式的格式，所以我今天就顺便把它说明一下。我希望读者注意，新诗的音节，从前面所分析的看来，确乎已经有了一种具体的方式可寻。这种音节的方式发现以后，我断言新诗不久定要走进一个新的建设的时期了。无论如何，我们应该承认这在新诗的历史里是一个轩然大波。这一个大波的荡动是进步还是退化，不久也就自然有了定论。

时代的鼓手

——读田间的诗

鼓——这种韵律的乐器，是一切乐器的祖宗，也是一切乐器中之王。音乐不能离韵律而存在，它便也不能离鼓的作用而存在。鼓象征了音乐的生命。

提起鼓，我们便想到了一串形容词：整肃，庄严，雄壮，刚毅，和粗暴，争躁，阴郁，深沉……鼓是男性的，原始男性的，它蕴藏着整个原始男性的神秘。它是最原始的乐器，也是最原始的生命情调的喘息。

如其鼓的声律是音乐的生命，鼓的情绪便是生命的音乐。音乐不能离鼓的声律而存在，生命也不能离鼓的情绪而存在。

诗与乐一向是平行发展着的。正如从敲击乐器到管弦乐器是韵律的音乐发展到旋律的音乐，从三四言到五七言也是韵律的诗发展到旋律的诗。音乐也好，诗也好，就声律说，这是进步。可痛惜的是，声律进步的代价是情绪的萎顿。在诗里，一如在音乐里，从此以后以管弦的情绪代替了鼓的情绪，结果都是“靡靡之音”。这感觉的愈趋细致，乃是感情愈趋脆弱的表征，而脆弱的感情不也就是生命疲困，甚或衰竭的征兆吗？二千来年古旧的历史，说来太冗长。单说新诗的历史，打头不是没有一阵朴质而健康的鼓的声律与情绪，接着依然是“靡靡之音”的传统，在舶来品商标的伪装之下，支配了不少的年月。疲困与衰竭的半音，似乎比历史上任何时期都变本加厉了的风行着。那是宿命，是历史发展的必然阶段吗？也许。但谁又叫新生与震奋的时代来得那样突然！箫声，琴声（甚至是无弦琴）自然配合不上流血与流汗的工作。于是忙乱中，新派，旧派，人人都设法拖出一面鼓来，你可以想象一片潮湿而发霉的声响，在那壮烈的场面中，显得如何的滑稽！它给你的印象仍然是疲困与衰竭。它不是激励，而是揶揄，侮蔑这战争。

于是，忽然碰到这样的声响，你便不免吃一惊：

“多一颗粮食，
就多一颗消灭敌人的枪弹！”

听到吗
这是好话哩！

听到吗

我们

要赶快鼓励自己的心

到地里去!

要地里

长出麦子;

要地里

长出小米;

拿这东西

当做持久战的武器。

(多一些!

多一些!)

多点粮食,

就多点胜利。

——田间:《多一些》

这里没有“弦外之音”，没有“绕梁三日”的余韵，没有半音，没有玩任何“花头”，只是一句句朴质，干脆，真诚的话（多么有斤两的话!）。简短而坚实的句子，就是声声的“鼓点”，单调，但是响亮而沉重，打入你耳中，打在你心上。你说这不是诗，因为你的耳朵太熟悉于“弦外之间”……那一套，你的耳朵太细了。

你看，——
他们的
仇恨的
力，
他们的
仇恨的
血，
他们的
仇恨的
歌，
握在
手里。

握在

手里，
要洒出来……

几十个，
很响地
——在一块；

几十个
达达地，
——在一块；

回旋……
狂蹈……

耸起的
筋骨
凸出的
皮肉，
挑负着
——种族的
疯狂

种族的

咆哮！……

——田间：《人民的舞》

这里便不只鼓的声律，还有鼓的情绪。这是鞍之战中晋解张用他那流着鲜血的手，抢过主帅手中的槌来擂出的鼓声，是弥衡那喷着怒火的“渔阳掺挝”，甚至是，如诗人 Robert Lindsey 在《刚果》中，剧作家 Eugene O’Neil 在《琼斯皇帝》中所描写的，那非洲土人的原始的鼓，疯狂，野蛮，爆炸着生命的热与力。

这些都不算成功的诗，（据一位懂诗的朋友说，作者还有较成功的诗，可惜我没见过。）但它所成就的那点，却是诗的先决条件——那便是生活欲，积极的，绝对的生活欲。它摆脱了一切诗艺的传统手法，不排解，也不粉饰，不抚慰，也不麻醉，它不是那捧着你在幻想中上升的迷魂的音乐。它只是一片沉着的鼓声，鼓舞你爱，鼓动你恨，鼓励你活着，用最高限度的热与力活着，在这大地上。

当这民族历史行程的大拐弯中，我们得一鼓作气来渡过危机，完成大业。

这是一个需要鼓手的时代，让我们期待着更多的“时代的鼓手”出现。至于琴师，乃是第二步的需要，而且目前我们有的是绝妙的琴师。

（3）杂文

复古的空气

近来在思想和文学艺术诸方面，复古的空气颇为活跃，这是值得注意的一个现象。就一般民众讲，文化是有惰性的，而农业社会尤其如此。几千年积下来的习惯和观念，几乎成了第二天性，骤然改动，是不舒服的。其实就这群浑浑噩噩的大众说，他们始终是在“古”中没有动过，他们未曾维新，还谈得到什么复古！我们所谓复古空气，自然是指知识和领导阶级说的。不过农民既几乎占我们人口百分之八十，少数的知识和领导阶级，不会不受他们的影响，所以谈到少数人的复古空气，首先不能不指出那作为他们的背景的大众。至于少数人之间所以发生这种空气，其原因与动机，可以分作四个类型来讲。

（一）一般说来，复古倾向是一种心理上的自卫机能。

自从与外人接触，在物质生活方面，发现事事不如人，这种发现所给予民族精神生活的担负，实在太重了。少数先天脆弱的心灵确乎它压瘪了，压死了。多数人在这时，自卫机能便发生了作用。本来文学艺术以及哲学就有逃避现实的趋势，而中国的文学艺术和哲学尤其如此。

中国人现实方面的痛苦，这时正好利用它们来补偿。一想到至少在这些方面我们不弱于人，于是便有了安慰。说坏了，这是“鱼处于陆，相濡以湿，相嘘以沫”的自慰的办法。说好了，人就全靠这点不肯绝望的刚强性，才能够活下去，活着奋斗下去。这是紧急关头的一帖定心剂。虽不彻底，却也有些暂时的效用。代表这种心理的人，虽不太强，也不太弱，惟其自知是弱，所以要设法“自卫”，但也没有弱到连“自卫”的意志都没有，所以还算相当的强，平情而论，这一类型的复古倾向，是未可厚非的。

（二）另一类型是带有报复意味的自尊心理，凡是与外人直接接触较多，自然也就饱尝屈辱经验的人，一方面因近代知识较丰富，而能虚心承认自己落后，另一方面，因为往往是社会各部门的领袖，所以有他们应有的骄傲和自尊心，然责任又教他们不能不忍重负辱，那种矛盾心理的压迫是够他们受的。压迫愈大，反抗也愈大。一旦机会来了，久经屈辱的自尊心是知道图报复的，于是紧跟着以抗战换来的民族荣誉和国家地位，便是甚嚣尘上的复古空气。前一类型的心理说我们也有不弱于人的地方，这一类型的简直说我们比他高。这些人本来是强者，自大是强者的本色，民族荣誉和国家地位也实在来得太突然，教人不能不迷惑。依强者们看来，一种自然的解释，是本来我们就不是不如人，荣誉和地位是我们应得的。诚然——但是那种趾高气扬的神情总嫌有些不够大方罢！

（三）第三个类型的复古，与其说是自尊，无宁说是自卑，不少的外国朋友捧起中国来，直使我们茫然。要晓得西洋的人本性是浪漫好奇的，甚至是怪僻的，不料真有人盲从别人来捧自己，因而也大干起复古的勾当来。实在是这种复古以媚外的心理，也并不少见。

（四）如果第三种人是完全没有自己，第四种人便是完全为自己打算的。有的是以复古来掩饰自己不懂近代知识，多半的老先生们属于这一类，虽则其中少年老成的分子也不在少数。有的正相反，又以复古来掩饰自己不大懂线装书的内容，暴发户的“二毛子”属于这一类，虽则只读洋装书的堂堂学者们也有时未能免俗。至于有人专门搬弄些“假古董”在国际市场上吸收外汇，因而为对外推销的广告用，不得不响应国内的复古运动，那就不好批评了。

复古的心理是分析不完的。大致说来，最显著的不外上述的四类型。其中有比较可取的，有居心完全不可问的。纯粹属于某一类型的大概很少，通常是几种糅合错综起来的一个复杂体。说复古空气是最近新兴的现象，也不合事实。趋势早已在酝酿，不过最近似乎更表面化了一点。为什么最近才表面化？当然与抗战有关。历史在转向，转向时的心理是不会有平静。转得愈急，波动愈大，所以在这抗战期间，一面近代化的呼声最高，一面复古的空气也最浓厚。

就一般的人说，心理的波动，不足怪，但少数的知识和领导分子，却应该早已认清历史，拿定主意，游移虽不致改变历史，但是会延缓历史的进展，须知我们的时间和精力都不容浪费。

我们的民族和文化所以能存在到今天，自然有其生存的道理在，这道理并不像你所想的，在能保存古的，而是正相反，在能吸收新的。历史告诉我们，中国文化并不是一个单纯的，一成不变的文化。（如果是那样的，它就早完了。）最初东西夷夏两民族，分明代表着两个不同的文化。

如果你站在东方，以夷（殷人及东夷）为本位，那便是夷吸收了夏；如果站在西方，以夏（夏、周）为本位，那便是夏吸收了夷。但是这两个文化早已融合到一种程度，使得我们分辨不出谁是主，谁是客来。在血缘上，楚与北方夷夏二族的关系，究竟如何，现在还不知道。无论如何，在文化上，直至战国，他们还是被视为外国人的。逐渐的这一支文化也被吸收了，到了汉朝，南北又成了一家，分不出主客来。究竟谁是我们的“古”？严格的讲，殷的后裔孔子若要复古，文武周公就得除外，屈原若要复古，就得否认《三百篇》。从西周到战国，无疑是我们文化史中最光荣的一段，但从没有听说那时的人站在民族的立场上讲复古的。即便依你的说法，先秦北方的夷夏和南方的楚，在民族上还是一家，文化也不过是大同小异，不能和今天的情形相比。那么，打汉末开始的一整部佛教史又怎样呢？宋明人要讲复古，会有他们那“儒表佛里”的理学吗？会有他们那《西厢》《水浒》吗？还有一部清代的朴学史，也能不承认是耶稣教士带来的西洋科学精神的赐予。以上都是极显而易见的历史事实，文化史上每放一次光，都是受了外来的刺激，而不是因为死抓着自己固有的东西。

不但中国如此，世界上多少文化都曾经因接触而交流，而放出异彩。凡是限于天然环境，不能与旁人接触，或有接触，而自己太傻太笨，不能，因此就不愿学习旁人的民族，没有不归于灭亡的。天然环境的限制，只要有决心，有勇气，还可以用人力来打开（例如我们的法显，玄奘，义净诸人的故事）。怕的是自己一味固执，不肯虚怀受善。其实那里是不肯，恐怕还是不能，不会罢！如果是这种情形，那就惨了。

我深信我们今天的情形，不属于这一类，然而我仍然有点不放心。佛教思想与老庄本就有些相近，让我们接受佛教思想，比较容易。今天来的西洋思想确乎离我们太远，是不是有人因望而生畏，索性就提倡复古以资抵抗呢？幸而今天喜欢嚷嚷孔学，和哼哼歪诗的人，究竟不算太多，而青年人尤其少。

我得强调的声明，民族主义我们是要的，而且深信是我们复兴的根本。但民族主义不该是文化的闭关主义。我甚至相信正因我们要民族主义，才不应该复古。老实说，民族主义是西洋的产物，我们的所谓“古”里，并没有这东西。谈谈孔学，做做歪诗，结果只有把今天这点民族主义的萌芽整个毁掉完事。其实一个民族的“古”是在他的血液里，像中国这样一个悠久历史的民族，要取消它的“古”的成分，并不太容易。难的倒是怎样学习新的，因为我们在上文已经提过，文化是有惰性的，而愈老的文化，惰性也愈大。克服惰性是一件难事啊！

有人说，你太傻了，你忘了“儒表佛里”的理学家的道统是从文武周公算起的，而不从释迦牟尼算起，接受西洋科学精神的朴学，仍称为汉学，而不称西学。内容无妨接受人家，外表还得是自己的。这是面子问题，而面子也不能不顾。今天的复古，也可以作如是观。我但愿自己太傻，然而我又担心拥护复古的人们和我一样的傻。傻到真正言行一致。

从宗教论中西风格

要说明中西人风格的不同，可以从种种不同的方面着眼，从宗教着眼，无疑是一个比较扼要的看法。所谓宗教，有广义的，有狭义的，狭义的讲来，中国人没有宗教，因此我们若能知道这狭义宗教的本质是什么，便也知道了中西人风格不同之点在哪里。至于是宗教造成了西洋人的性格，还是西洋人的性格产生了他们的宗教，那是一个鸡生蛋还是蛋生鸡的辩论，我们不去管它。目下我们要认清的一点，是宗教与西洋人的性格是不可分离的。

要确定宗教的本质是什么，最好是溯源到原始思想。生的意志大概是人类一切思想的根苗。人类生活愈接近原始时代，求生意志的强烈，与求生能力的薄弱，愈有形成反比例之势。但是能力愈薄弱，不仅不能减少意志的强烈性，反而增加了它。在这能力与意志不能配合的难关中，人类乃以主观的“生的意识”来补偿客观的“生的事实”之不足，换言之，因一心欲生，而生偏偏是不完整，不绝对的，于是人类便以“死的否认”来保证“生的真实”。这是人类思想史的第一页，也实在是一个了不得的发明。我们今天都认为死是一个千真万确的事实，原始人并不这样想。对于他们，死不过是生命途程中的另一阶段，这只看他们对祭祀奉度的认真，便可知道。我们也可以说，他们根本没有死的观念，他们求生之心如此迫切，以至忽略了死的事实，而不自觉的做到了庄子所谓“以死生为一体”的至高境界。我说不自觉的，因为那不是庄子那般通过理智的道路然后达到的境界，理智他们绝对没有，他们只是一团盲目的求生的热欲，在热欲的昏眩中，他们的意识便全为生的观念所占据，而不容许那与生相反的死的观念存在，诚然，由我们看来，这是自欺。但是，要晓得对原始人类，生存是那样艰难，那样没有保障，如果没有这点生的信念，人类如何活得下去呢？所以我们说这人类思想史的第一页，是一个了不得的发明。

原始人类不承认死的事实，那不死简直是肉体的不死，这还是可以由他们对祭祀的态度证明的，但是知识渐开，他们终于不得不承认死是一个事实。承认了死，是否便降低了生的信念呢？那却不然。他们承认的是肉体的死，至于灵魂他们依然坚持是不会死的。以承认肉体的死为代价，换来了灵魂不死的信念，在实利眼光的人看来，是让步，是更无聊的自欺，在原始人类看来，却是胜利，因为他们认为灵魂的存在比肉体的存在还有价值，因此，用肉体的死换来了灵魂的不死，是占了便宜。总之他们是不肯认输，反正一口咬定了不死，讲来讲去，还是不死，甚至客观的愈逼他们承认死是事实，主观的愈加强了他们对不死的信念。他们到底为什么要这样的倔强，这样执迷不悟？理智能力薄弱吗？但要记得这是理智能力进了一步，承认了肉体的死是事实以后的现象。看来理智的压力愈大，精神的信念跳得愈高。理智的发达并不妨碍生的意志，反而鼓励了它，使它创造出一个永生的灵魂。这是人类思想史的第二页，一个更荒唐，也更神妙的发明。

人类由自身的灵魂而推想到大自然的灵魂，本是思想发展过程中极自然的一步。想到这个大自然的灵魂实在说是人类自己的灵魂的一种投射作用，再想到这投射出去的自己，比原来的自己几乎是无限倍数的伟大，并又想到在强化生的信念与促进生的努力中，人类如何利用这投射出去的自己来帮助自己——想到这些复杂而迂回的步骤，更令人惊讶人类的“其愚不可及”，也就是他的其智不可及。如今人毕竟承认了自己无能，因为他的理智又较前更发达了一些，他认清了更多的客观事实，但是他就此认输了吗？没有。人是无能，他却创造了万能的神。万能既出自无能，那么无能依然是万能。如今人是低头了，但只向自己低头，于是他愈低头，自己的地位也愈高。你反正不能屈服他，因为他有着一个铁的生命意志，而铁是愈锤炼愈坚韧的。这人类思想史的第三页，讲理论，是愈加牵强，愈加支离，讲实用，却不能不承认是不可思议的神奇。

如果是以贿赂式的祭祀为手段，来诱致神的福佑或杜绝神的灾祸，或有时还不惜用某种恫吓式的手段，来要挟神做些什么或不做些什么——对神的态度，如果是这样，那便把神的能力看得太小了。人小看了神的能力其实也就是小看了自己的能力，严格的讲，可以恫吓与贿赂的手段来控制的对象，只能称之为妖灵或精物，而不是神。因之，这种信仰也只能算作迷信，而不是宗教，宗教崇拜的对象必须是一个至高无上的，神圣的，万能而慈爱的神，你向他只有无条件的依皈和虔诚的祈祷。你的神愈是全德与万能，愈见得你自己全德与万能，因为你的神就是你所投射出去的自身的影子。既然神就是像自己，所以他不妨是一个人格神，而且必然是一个人格神，神的形相愈像你自己，愈足以证明是你的创造。正如神的权力愈大，愈足以反映你自己权力之大。总之你的神不能太不像你自己，不像你自己，便与你自己无关，他又不能太像你自己，太像你自己，便暴露了你的精神力量究竟有限。是一个不太像你，又不得不像你的全德与万能的人格神，不多不少，恰恰是这样一个信仰，才能算作宗教。

按照上述的宗教思想发展的程序和它的性质，我们很容易辨明中西人谁有宗教谁没有宗教。第一，关于不死的问题，中国人最初分明只有肉体不死的观念，所以一方面那样着重祭祀与厚葬，一方面还有长生不老和白日飞升的神仙观念。真正灵魂不死的观念，我们本没有，我们的灵魂观念是外来的，所以多少总有点模糊。第二，我们的神，在下层阶级里，不是些妖灵精物，便是人鬼的变相，因此都太像我们自己了，在上层阶级里，他又只是一个观念神而非人格神，因此太嫌不像我们自己了。既没有真的灵魂观念，又没有一个全德与万能的人格神，所以说我们没有宗教，而我们的风格和西洋人根本不同之处恐怕也便在这里。我们说死就死，他们说死还是生，我们说人就是人，他们说不是，人是神。我们对现实屈服了，认输了，他们不屈服，不认输，所以他们有宗教而我们没有。

我们在上文屡次提到生的意志，这是极重要的一点，也许就是问题的核心。往往有人说弱者才需要宗教，其实是强者才能创造宗教来扶助弱者，替他们提高生的情绪，加强生的意志。就个人看，似乎弱者更需要宗教，但就社会看，强者领着较弱的同类，有组织的向着一个完整而绝对的生命追求，不正表现那社会的健康吗？宗教本身尽有数不完的缺憾与流弊，产生宗教的动机无疑是健康的。有人说西洋人的爱国思想和恋爱哲学，甚至他们的科学精神，都是他们宗教的产物，他们把国家，爱人和科学的真理都“神化”了，这话并不过分。至少我们可以说，产生他们那宗教的动力，也就是产生那爱国思想，恋爱哲学和科学精神的动力。不是对付的，将就的，马马虎虎的，在饥饿与死亡的边缘上弥留着的活着，而是完整的，绝对的活着，热烈的活着——不是彼此都让步点的委曲求全，所谓“中庸之道”式的，实在是一种虚伪的活，而是一种不折不扣的，不是你死我活，便是我死你活的彻底的，认真的活——是一种失败在今生，成功在来世的永不认输，永不屈服的精神。这便是西洋人的性格。这性格在他们的宗教中表现得最明显，因此也在清教徒的美国人身上表现得最明显。

人生如果仅是吃饭睡觉，寒暄应酬，或囤积居奇，营私舞弊，或许用不着宗教，但人生也有些严重关头，小的严重关头叫你感着不舒服，大的简直要你的命，这些时候来到，你往往感着没有能力应付它，其实还是有能力应付，因为人人都有一副不可思议的潜能。问题只在用一套什么手法把它动员起来。一挺胸，一咬牙，一转念头，潜能起来了，你便能排山倒海，使一切不可能的变为可能的。那不是技术，而是一种魔术。那便是宗教。中国人的办法，似乎是防范严重关头，使它不要发生，借以省却自己应付的麻烦。这在事实上是否可能，姑且不管，即使可能，在西洋人看来，多么泄气，多么没出息！他们甚至没有严重关头，还要设法制造它，为的是好从那应付的挣扎中得到乐趣。没事自己放火给自己扑灭，为的是救火的紧张太有趣了，如果救火不熄，自己反被烧死，那殉道者的光荣更是人生无上的满足！你说荒谬绝伦，简直是疯子！对了，你就是不会发疯，你生活里就缺少那点疯，所以你平庸，懦弱。人家在天上飞时，你在粪坑里爬！

中西风格的比较？你拿什么跟人家比？你配？尽管有你那一套美丽名词，还是掩不住那渺小，平庸，怯懦，虚伪，掩不住你的小算盘，你的偷偷摸摸，自私自利，和一切的丑态。你的孝悌忠信，礼义廉耻，和你古圣先贤的什么哲学只令人作呕，我都看透了！你没有灵魂，没有上帝的国度，你是没有国家观念的一盘散沙，一群不知什么是爱的天阉（因此也不知什么是恨），你没有同情，也没有真理观念。然而你有一点鬼聪明，你的繁殖力很大。因为聪明所以会鼠窃狗偷——营私舞弊，囤积居奇。因为繁殖力大，所以让你的同类成千成万的裹在清一色的破棉袄里，排成番号，吸完了他们的血，让他们饿死，病死……这是你的风格，你的仁义道德！你拿什么和人家比！

没有宗教的形式不要紧。只要有产生宗教的那股永不屈服，永远向上追求的精神，换言之，就是那铁的生命意志，有了这个，任凭你向宗教以外任何方向发展都好，怕的是你这点意志，早被瘪死了，因此除了你那庸俗主义的儒家哲学以外，不但宗教没有，旁的东西也没有。更可怕的是宗教到你手里，也变成了庸俗、虚伪和鼠窃狗偷的工具。怕的是你只存在，而没有生活，因为你的生命的前提是败北主义，和你那典型的口号“没有办法”！于是你只好嘲笑，说俏皮话。是啊，你有聪明，有繁殖力，所以你可以存在。（耗子苍蝇不也存在吗?）但你没有生活，因为我看透了你，你打头就承认了死是事实，那证明了你是怕死的。惟其怕死，所以你也怕生，你这没出息的“四万万五千万”！

关于儒·道·土匪

医生临症，常常有个观望期间，不到病势相当沉重，病象充分发作时，正式与有效的诊断似乎是不可能的。而且，在病人方面，往往愈是痼疾，愈要讳疾忌医，因此恐怕非等到病势沉重，病象发作，使他讳无可讳，忌无可忌时，他也不肯接受诊断。

事到如今，我想即便是最冥顽的讳疾忌医派，如钱穆教授之流，也不能不承认中国是生着病，而且病势的严重，病象的昭著，也许赛过了任何历史记录。惟其如此，为医生们下诊断，今天才是最成熟的时机。

向来是“旁观者清”，无怪乎这回最卓越的断案来自一位英国人。这是韦尔斯先生观察所得：

在大部分中国人的灵魂里，斗争着一个儒家，一个道家，一个土匪。（《人类的命运》）

为了他的诊断的正确性，我们不但钦佩这位将近八十高龄的医生，而且感激他，感激他给我们查出了病源，也给我们至少保证了半个得救的希望，因为有了正确的诊断，才谈得到适当的治疗。

但我们对韦尔斯先生的拥护，不是完全没有保留的，我认为假如将“儒家，道家，土匪”，改为“儒家，道家，墨家”，或“偷儿，骗子，土匪”，这不但没有损害韦氏的原意，而且也许加强了它，因为这样说话，可以使那些比韦尔斯更熟悉中国历史和文化的人，感着更顺理成章点，因此也更乐于接受点。

先讲偷儿和土匪，这两种人作风的不同，只在前者是巧取，后者是豪夺罢了。“巧取豪夺”这成语，不正好用韩非的名言“儒以文乱法，侠以武犯禁”来说明吗？而所谓侠者不又是堕落了的墨家吗？至于以“骗子”代表道家，起初我颇怀疑那徽号的适当性，但终于还是用了它。“无为而无不为”也就等于说：无所不取，无所不夺，而看去又像是一无所取，一无所夺，这不是骗子是什么？偷儿，骗子，土匪是代表三种不同行为的人物，儒家，道家，墨家是代表三种不同的行为理论的人物，尽管行为产生了理论，理论又产生了行为，如同鸡生蛋，蛋生鸡一样，但你既不能说鸡就是蛋，你也就不能将理论与行为混为一谈。所以韦尔斯先生叫儒家，道家和土匪站作一排，究竟是犯了混淆范畴的逻辑错误。这一点表过以后，韦尔斯先生的观察，在基本意义上，仍不失为真知灼见。

就历史发展的次序说，是儒，墨，道。要明白儒墨道之所以成为中国文化的病，我们得从三派思想如何产生讲起。

由于封建社会是人类物质文明成熟到某种阶段的结果，而它自身又确乎能维持相当安定的秩序，我们的文化便靠那种安定而得到迅速的进步，而思想也便开始产生了。但封建社会的组织本是家庭的扩大，而封建社会的秩序是那家庭中父权式的以上临下的强制性的秩序，它的基本原则至多也只是强权第一，公理第二。当然秩序是生活必要的条件，即便是强权的秩序，也比没有秩序的好。尤其对于把握强权，制定秩序的上层阶级，那种秩序更是绝对的可宝，儒家思想便是以上层阶级的立场所给予那种秩序的理论的根据。然而父权下的强制性的秩序，毕竟有几分不自然，不自然的便不免虚伪，虚伪的秩序终久必会露出破绽来，墨家有见于此，想以慈母精神代替严父精神来维持秩序，无奈秩序已经动摇后，严父若不能维持，慈母更不能维持。儿子大了，父亲管不了，母亲更管不了，所以墨家之归于的败，是势所必然的。

墨家失败了，一气愤，自由行动起来，产生所谓游侠了，于是秩序便愈加解体了。秩序解体以后，有的分子根本怀疑家庭存在的必要，甚至咒诅家庭组织的本身，于是独自逃掉了，这种分子便是道家。

一个家庭的黄金时代，是在夫妇结婚不久以后，有了数目不太多的子女，而子女又都在未成年的期间。这时父亲如果能干保持着相当丰裕的收入，家中当然充满一片天伦之乐，即令不然，儿女人数不多，只要分配得平均，也还可以过得相当快乐，万一分配不太平均，反正儿女还小，也不至闹出大乱子来。但事实是一个庞大的家庭，儿女太多，又都成年了，利害互相冲突，加之分配本来就不平均，父亲年老力衰，甚至已经死了，家务由不很持平的大哥主持，其结果不会好，是可想而知了。儒家劝大哥一面用父亲在天之灵的大帽子实行高压政策，一面叫大家以黄金时的回忆来策励各人的良心，说是那样，当年的秩序和秩序中的天伦之乐，自然会恢复。他不晓得当年的秩序，本就是一个暂时的假秩序，当时的相安无事，是沾了当时那特殊情形的光，于今情形变了，自然会露出马脚来。墨家的母性慈爱精神不足以解决问题，原因也只在儿女大了，实际的利害冲突，不能专凭感情来解决，这一层前面已经提到。在这一点上，墨家犯的错误，和儒家一样，不过墨家确乎感觉到了那秩序中分配不平均的基本症结，这一点就是他后来走向自由行动的路的心理基础。墨家本意是要实现这一个以平均为原则的秩序，结果走向自由行动的路，是破坏秩序。只看见破坏旧秩序，而没有看见建设新秩序的具体办法，这是人们所痛恶的，因为，正如前面所说的，秩序是生活的必要条件。尤其是中国人的心理，即令不公平的秩序，也比完全没有秩序强。

这里我们看出了墨家之所以失败，正是儒家之所以成功。至于道家因根本否认秩序而逃掉，这对于儒家，倒因为减少了一个掣肘的而更觉方便，所以道家的遁世实际是帮助了儒家的成功。因为道家消极的帮了儒家的忙，所以儒家之反对道家，只是口头的，表面的，不像他对于墨家那样的真心的深恶痛绝。因为儒家的得势，和他对于墨道两家态度的不同，所以在上层阶级的士大夫中，道家还能存在，而墨家却绝对不能存在。墨家不能存在于士大夫中，便一变为游侠，再变为土匪，愈沉愈下了。

捣乱分子墨家被打下去了，上面只剩了儒与道，他们本来不是绝对不相容的，现在更可以合作了。合作的方案很简单。这里恕我曲解一句古书，《易经》说“肥遁，无不利”，我们不妨读肥为本字，而把“肥遁”解为肥了之后再遁，那便说一个儒家做了几任“官”，捞得肥肥的，然后撒开腿就跑，跑到一所别墅或山庄里，变成了一个什么居士，便是道家了。——这当然是对己最有利的办法了。甚至还用不着什么实际的“遁”，只要心理上念头一转，就身在宦海中也还是遁，所谓“身在魏阙，心在江湖”和“大隐隐朝市”者，是儒道合作中更高一层的境界。在这种合作中，权利来了，他以儒的名分来承受，义务来了，他又以道的资格说，本来我是什么也不管的。儒道交融的妙用，真不是笔墨所能形容的，在这种情形之下，称他们偷儿和骗子，能算冤曲吗？

“成者为王，败者为寇”，“窃钩者诛，窃国者侯”，这些古语中所谓王侯如果也包括了“不事王侯，高尚其事”的道家，便更能代表中国的文化精神。事实上成语中没有骂到道家，正表示道家手段的高妙。讲起穷凶极恶的程度来，土匪不如偷儿，偷儿不如骗子，那便是说墨不如儒，儒不如道。韦尔斯先生列举三者时，不称墨而称土匪，也许因为外国人到中国来，喜欢在穷乡僻壤跑，吃土匪的亏的机会特别多，所以对他们特别深恶痛绝。在中国人看来，三者之中，其实土匪最老实，所以也最好防备。从历史上看来，土匪的前身墨家，动机也最光明。如今不但在国内，偷儿骗子在儒道的旗帜下，天天剿匪，连国外的人士也随声附和的口诛笔伐，这实在欠公允，但我知道这不是韦尔斯先生的本意，因为我知道在他们本国，韦尔斯先生的同情一向是属于那一种人的。

话说回来，土匪究竟是中国文化的病，正如偷儿骗子也是中国文化的病。我们甚至应当感谢韦尔斯先生在下诊断时，没有忘记土匪以外的那两种病源——儒家和道家。韦尔斯先生用《春秋》的书法，将儒道和土匪并称，这是他的许多伟大贡献中的又一个贡献。

兽·人·鬼

刽子手们这次杰作，我们不忍再描述了，其残酷的程度，我们无以名之，只好名之曰兽行，或超兽行。但既已认清了是兽行，似乎也就不必再用人类的道理和它费口舌了。甚至用人类的义愤和它生气，也是多余的。反正我们要记得，人兽是两立的，而我们也深信，最后胜利必属于人!

胜利的道路自然是曲折的，不过有时也实在曲折得可笑。下面的寓言正代表着目前一部分人所走的道路。

村子附近发现了虎，孩子们凭着一股锐气，和虎搏斗了一场，结果遭牺牲了，于是成人们之间便发生了这样一串纷歧的议论：

——立即发动全村的人手去打虎。

——在打虎的方法没有布置周密时，劝孩子们暂勿离村，以免受害。

——已经劝阻过了，他们不听，死了活该。

——咱们自己赶紧别提打虎了，免得鼓励了孩子们去冒险。

——虎在深山中，你不惹它，它怎么会惹你?

——是呀！虎本无罪，祸是喊打虎的人闯的。

——虎是越打越凶的，谁愿意打谁打好了，反正我是不去的。

议论发展下去是没完的，而且有的离奇到不可想象。当然这里只限于人——善良的人的议论。至于那“为虎作伥”的鬼的想法，就不必去揣测了。但愿世上真没有鬼，然而我真担心，人既是这样的善良，万一有鬼，是多么容易受愚弄啊！

什么是儒家

——中国士大夫研究之一

“无论在任何国家”，伊里奇在他的《国家论》里说，“数千年间全人类社会的发展，把这发展的一般的合法则性，规则性，继起性，这样的指示给我们了：即是，最初是无阶级社会——贵族不存在的太古的，家长制的，原始的社会；其次是以奴隶制为基础的社会，奴隶占有者的社会。……奴隶占有者和奴隶是最初的阶级分裂。前一集团不仅占有生产手段——土地，工具（虽然工具在那时是幼稚的），而且还占有了人类。这一集团称为奴隶占有者，而提供劳动于他人的那些劳苦的人们便称为奴隶。”中国社会自文明初发出曙光，即约当商盘庚时起，便进入了奴隶制度的阶段，这个制度渐次发展，在西周达到它的全盛期，到春秋中叶便成强弩之末了，所以我们可以概括的说，从盘庚到孔子，是我们历史上的奴隶社会期。但就在孔子面前，历史已经在剧烈的变革着，转向到另一个时代，孔子一派人大声急呼，企图阻止这一变革，然而无效。历史仍旧进行着，直至秦汉统一，变革的过程完毕了，这才需要暂时休息一下。趁着这个当儿，孔子的后学们，以董仲舒为代表，便将孔子的理想，略加修正，居然给实现了。在长时期变革过程的疲惫后，这是一帖理想的安眠药，因为这安眠药的魔力，中国社会便一觉睡了两千年，直到孙中山先生才醒转一次。孔子的理想即是恢复奴隶社会的秩序，而董仲舒是将这理想略加修正后，正式实现了，那么，中国社会，从董仲舒到中山先生这段悠长的期间，便无妨称为一个变相的奴隶社会。

董仲舒的安眠药何以有这大的魔力呢？要回答这问题，还得从头说起。相传殷周的兴亡是仁暴之差的结果，这所谓仁与暴分明代表着两种不同的奴隶管理政策。大概殷人对于奴隶榨取过度，以至奴隶们“离心离德”而造成“前途倒戈”的后果，反之，周人的榨取比较温和，所以能一方面赢得自己奴隶的“同心同德”，一方面又能给太公以施行“阴谋”的机会，教对方的奴隶叛变他们自己的主人。仁与暴是漂亮的名词，实际只是管理奴隶的方法有的高明点，有的笨点罢了。周人还有个高明的地方，那便是让胜国的贵族管理胜国的奴隶。《左传》定四年说：“周公相王室，分鲁公以……殷民六族……使帅其宗氏，辑其分族，将其类丑，……使之职事于鲁，……分之土田陪敦（附庸，即仆庸），祝宗卜史，备物典策，官司彝器。……分康叔以……殷民七族。……”这些殷民六族与七族便是胜国投降的贵族，那些“备物典策，官司彝器”的“祝宗卜史”便是后来所谓“儒”——寄食于贵族的智识分子。让贵族和智识分子分掌政教，共同管理自己的奴隶（附庸），这对奴隶们和奴隶占有者（周人）双方都有利的，因为以居间的方式他们可以缓和主奴间的矛盾，他们实在做了当时社会机构中的一种缓冲阶层。后来胜国贵族们渐趋没落，而儒士们因有特殊智识和技能，日渐发展成一种宗教文化的行帮企业，兼理着下级行政干部的事务，于是缓冲阶层便为儒士们所独占了。（当然也有一部分没落的胜国贵族，改业为儒，加入行帮的。）

明白了这种历史背景，我们就可以明白儒家的中心思想。因为儒家是一个居于矛盾的两极之间的缓冲阶层的后备军，所以他们最忌矛盾的统一，矛盾统一了，没有主奴之分，便没有缓冲阶层存在的余地。他们也不能偏袒某一方面，偏袒了一方，使一方太强，有压倒对方的能力，缓冲者也无事可做。所谓“君子和而不同”，便是要使上下在势均力敌的局面中和平相处，而切忌“同”于某一方面，以致动摇均势。因为动摇了均势，便动摇自己的地位啊！儒家之所以不能不讲中庸之道，正因他是站在中间的一种人。中庸之道，对上说，爱惜奴隶，便是爱惜自己的生产工具，也便是爱惜自己，所以是有利的；对下说，反正奴隶是做定了，苦也就吃定了，只要能少吃点苦就是幸福，所以也是有利的。

然而中庸之道，最有利的，恐怕还是那站在中间，两边玩弄，两边镇压，两边劝谕，做人又做鬼的人吧！孔子之所以宪章文武，尤其梦想周公，无非是初期统治阶级的奴隶管理政策，符合了缓冲阶层的利益，所谓道统者，还是有其社会经济意义的。

可是切莫误会，中庸决不是公平。公平是从是非观点出发的，而中庸只是在利害上打算盘。主奴之间还讲什么是非呢？如果是要追究是非，势必牵涉到奴隶制度的本身，如果这制度本身发生了问题，哪里还有什么缓冲阶层呢？

显然的，是非问题是和儒家的社会地位根本相抵触的。他只能一面主张“成事不说，遂事不谏，既往不咎”，一面用正名（君君臣臣，父父子子）的理论，维持现有的秩序（既成事实），然后再苦口婆心的劝两面息事宁人，马马虎虎，得过且过。我疑心“中庸”之庸字，也就是“附庸”之庸字，换言之，“中庸”便是中层或中间之佣。自身既也是一种佣役（奴隶），天下哪有奴隶支配主人的道理，所以缓冲阶层的真正任务，也不过是恳求主子刀下留情，劝令奴才忍重负辱，“执中无权，犹执一也”，天秤上的码子老是向重的一头移动着，其结果，“中庸”恰恰是“不中庸”，可不是吗？“爵禄可辞也，白刃可蹈也，中庸不可能也！”果然你辞了爵禄，蹈了白刃，那于主人更方便（因为把劝架的人解决了，奴才失去了掩蔽，主人可以更自由的下毒手），何况爵禄并不容易辞，白刃更不容易蹈呢？实际上缓冲阶层还是做了帮凶，“季氏富于周公，而求也为之聚敛而附益之”，冉求的作风实在是缓冲阶层的惟一出路。孔子喝令“小子鸣鼓而攻之”是冤枉了冉求，因为孔子自己也是“三月无君则皇皇如也”的，冉求又怎能饿着肚子不吃饭呢！

但是，有了一个建筑在奴隶生产关系上的社会，季氏便必然要富于周公，冉求也必然要为之聚敛，这是历史发展的一定的法则。这法则的意义是什么呢？

恰恰是奴隶社会的发展促成了奴隶社会的崩溃。缓冲阶层既依存于奴隶社会，那么冉求之辈替主人聚敛，也就等于替缓冲阶层自掘坟墓。所以毕竟是孔子有远见，“留得青山在，不怕没柴烧”，冉求是自己给自己毁坏青山啊！

然而即令是孔子的远见也没有挽回历史。这是命运的作剧吧？做了缓冲阶层，其势不能帮助上头聚敛，不聚敛，阶层的地位便无法保持，但是聚敛得来使整个奴隶社会的机构都要垮台，还谈得到什么缓冲阶层呢？所以孔子的呼吁如果有效，青山不过是晚坏一天，自己便多烧一天的柴，如果无效，青山便坏得更早点，自己烧柴的日子也就有限了，孔子的见地远是远点，但比起冉求，也不过是“以五十步笑百步”而已。结果，历史大概是沿着冉求的路线走的，连比较远见的路线都不会蒙它采纳，于是春秋便以高速度的发展转入了战国，儒家的理想，非等到董仲舒是不能死灰复燃的。

话又说回来了，儒家思想虽然必需等到另一时代，客观条件成熟，才能复活，但它本身也得有其可能复活的主观条件，才能真正复活，否则便有千百个董仲舒，恐怕也是枉然。儒家思想，正如上文所说，是奴隶社会的产物，而它本身又是拥护奴隶社会的。我们都知道，奴隶社会是历史必须通过的阶级，它本身是社会进步的果，也是促使社会进步的因。既然必须通过，当然最好是能过得平稳点，舒服点。文武周公所安排的，孔子所表彰的奴隶社会，因为有了那样缓和的榨取政策，和为执行这政策而设的缓冲阶层，它确乎是一比较舒服的社会，因为舒服，所以自从董仲舒把它恢复了，二千年的历史在它的怀抱中睡着了。诚然，董仲舒的儒家不是孔子的儒家，而董仲舒以后的儒家也不是董仲舒的儒家，但其为儒家则一，换言之，他们的中心思想是一贯的。二千年来士大夫没有不读儒家经典的，在思想上，他们多多少少都是儒家，因此，我们了解了儒家，便了解了中国士大夫的意识观念。

如上文所说，儒家思想是奴隶社会的产物，然则中国士大夫的意识观念是什么，也就值得深长思之了！

最后一次的讲演

这几天，大家晓得，在昆明出现了历史上最卑劣，最无耻的事情！李先生究竟犯了什么罪？竟遭此毒手，他只不过用笔写写文章，用嘴说说话，而他所写的，所说的，都无非是一个没有失掉良心的中国人的话！大家都有一支笔，有一张嘴，有什么理由拿出来讲啊！有事实拿出来说啊！为什么要打要杀，而且又不敢光明正大的来打来杀，而偷偷摸摸的来暗杀！（鼓掌）这成什么话？（鼓掌）

今天，这里有没有特务？站出来，是好汉的站出来！你出来讲！凭什么要杀死李先生？（厉声，热烈的鼓掌）杀死了人，又不敢承认，还要诬蔑人，说什么“桃色案件”，说什么共产党杀共产党，无耻啊！无耻啊！（热烈的鼓掌）这是某集团的无耻，恰是李先生的光荣！李先生在昆明被暗杀，是李先生留给昆明的光荣！也是昆明人的光荣！

去年“一二·一”昆明青年学生为了反对内战，遭受屠杀，那算是年青一代，献出了他们的血，献出了他们最宝贵的生命！现在李先生为了争取民主和平，而遭受了反动派的暗杀，我们骄傲一点说，这算是像我这样大年纪的一代，我

们的老战友，献出了最宝贵的生命。这两桩事发生在昆明，这算是昆明无限的光荣！（热烈的鼓掌）

反动派暗杀李先生的消息传出后，大家听了都摇头，我心里想，这些无耻的东西，不知他们是怎么想法？他们的心理是什么状态？他们的心是怎样长的？其实很简单，他们这样疯狂的来制造恐怖，正是他们自己在慌啊！在害怕啊！所以他们制造恐怖，其实是他们自己在恐怖啊！特务们，你们想想，你们还有几天，你们完了快完了！你们以为打伤几个，杀死几个，就可以了事，就可以把人民吓倒了吗？其实广大的人民是打不尽的，杀不完的，要是这样可以的话，世界上早没有人了。你们杀死了一个李公朴，会有千百万个李公朴站起来！你们将失去千百万的人民！你们看着我们人少，没有力量。告诉你们，我们的力量大得很！多得很！看今天来的这些人，都是我们的人，都是我们的力量！此外还有广大的市民！我们有这个信心：人民的力量是胜利的，真理是永远存在的，历史上没有一个反人民的势力不被人民毁灭的！希特勒，墨索里尼不都在人民之前倒下了吗？翻开历史看看，你还站得住几天！你完了，快完了！我们的光明就要出现了。我们看，光明就在我们的眼前，而现在正是黎明之前那个最黑暗的时候。我们有力量打破这个黑暗，争到光明！我们的光明，就是反动派的末日！（热烈鼓掌）

反动派故意挑拨美苏的矛盾，想利用这矛盾来打内战。任你们怎么样挑拨，怎么样离间，美苏不一定打呀！现在四外长会议已经圆满闭幕了。这不是说美苏间已没有矛盾，但是可以让步，可以妥协。事情是曲折的，不是直线的。我们的新闻被封锁着，不知道美苏的开明舆论如何抬头，我们也看不见广大的美国人民的那种新的力量，在日益增长。但是，事实的反映，我们可以看出。

第一，现在司徒雷登出任美驻华大使，司徒雷登是中国人民的朋友，是教育家，他生长在中国，受的美国教育。他住在中国的时间比住在美国的时间长，他就如一个中国的留美生一样，从前在北平时，也常见面，他是一位和蔼可亲的老者，是真正知道中国人民的要求的。这不是说司徒雷登有三头六臂，能替中国人民解决一切，而是说美国人民的舆论抬头，美国才有这转变。

其次，反动派干得太不像样了，在四外长会议上，才不要中国做二十一国和平会议的召集人，这就是做点颜色给你看看，这也说明美国的支持是有限度的，人民的忍耐和国际的忍耐也是有限度的。

李先生的血，不会白流的。李先生赔上了这条性命，我们要换来一个代价。“一二·一”四烈士倒下了，年青的战士们的血，换来了政治协商会议的召开，现在李先生倒下

了，他的血要换取政协会议的重开！（热烈的鼓掌）我们有这个信心！（鼓掌）

“一二·一”是昆明的光荣，是云南人民的光荣，云南有的光荣的历史，远的护国，这不用说了，近的如“一二·一”，都是属于云南人民的，我们要发扬云南光荣的历史！

反动派挑拨离间，卑鄙无耻，你们看见联大走了，学生放暑假了，便以为我们没有力量了吗？特务们！你们错了！你们看看今天到会的一千多青年，又握起手来了，我们昆明的青年决不会让你们这样横干下去的！

历史赋予昆明的任务是争取民主和平，我们昆明的青年必须完成这任务！

我们不怕死，我们有牺牲的精神，我们随时像李先生一样，前脚跨出大门，后脚就不准备再跨进大门！（长时间热烈的鼓掌）

（4）古典文论

龙 凤

前些时接到一个新兴刊物负责人一封征稿的信，最使我发生兴味的是那刊物的新颖命名——“龙凤”，虽则照那篇《缘起》看，聪明的主编者自己似乎并未了解这两字中丰富而深邃的含义。无疑的他是被这两个字的奇异的光艳所吸引，他迷惑于那蛇皮的夺目的色彩，却没理会蛇齿中埋伏着的毒素，他全然不知道在玩弄色彩时，自己是在与毒素同谋。

就最早的意义说，龙与凤代表着我们古代民族中最基本的两个单元——夏民族与殷民族，因为在“鲧死，……化为黄龙，是用出禹”和“天命玄鸟（即凤），降而生商”两个神话中，我们依稀看出，龙是原始夏人的图腾，凤是原始殷人的图腾（我说原始夏人和原始殷人，因为历史上夏殷两个朝代，已经离开图腾文化时期很远，而所谓图腾者，乃是远在夏代和殷代以前的夏人和殷人的一种制度兼信仰)，因之把龙凤当作我们民族发祥和文化肇端的象征，可说是再恰当没有了。若有人愿意专就这点着眼，而想借“龙凤”二字来提高民族意识和情绪，那倒无可厚非。可惜这层历史社会学的意义在一般中国人心目中并不存在，而“龙凤”给一般人所引起的联想则分明是另一种东西。

图腾式的民族社会早已变成了国家，而封建王国又早已变成了大一统的帝国，这时，一个图腾生物已经不是全体族员的共同祖先，而只是最高统治者一姓的祖先。所以我们记忆中的龙凤，只是帝王与后妃的符瑞，和他们及他们宫室舆服的装饰“母题”，一言以蔽之，它们只是“帝德”与“天威”的标记。有了一姓，便对应地产生了百姓，一姓的尊荣，便天然地决定了百姓的苦难。你记得复辟与龙旗的不可分离性，你便会原谅我看见“龙凤”二字而不禁怵目惊心的苦衷了。我是不同意于“天王圣明，臣罪当诛”的。

《缘起》中也提到过“龙凤”二字在文化思想方面的象征意义，他指出了文献中以龙比老子的故事，却忘了一副天生巧对的下联，那便是以凤比孔子的故事。可巧故事都见于《庄子》一书。《天运篇》说孔子见过老聃后，发呆了三天说不出话，弟子们问他给“老聃”讲了些什么，他说：“吾乃今于是乎见龙——龙合而成体，散而成章，乘云气而养（翔）乎阴阳，予口张而不能嗋，舌举而不能讯[①]，予又何规老聃哉！”这是常用的典故（也就是许多姓李的楹联中所谓“犹龙世泽”的来历）。至于以凤比孔子的典故，也近在眼前，不知为什么从未成为词章家“獭祭”的资料，孔子到了楚国，著名的疯子接舆所唱的那充满讽刺性的歌儿——

凤兮凤兮！何如（汝）德之衰也？来世不可待？往世不可追也！……

不但见于《庄子》（《人间世篇》），还见于《论语》（《微子篇》）。是以前读死书的人不大认识字，不知道“如”是“汝”的假借，因而没弄清话中的意思吗？可是《汉石经》《论语》“如”作“而”，“而”字本也训“汝”，那么歌辞的喻义，至少汉人是懂得。另一个也许更有趣的以凤比孔子的出典，见于唐宋《类书》[②] 所引的一段《庄子》佚文：

老子见孔予从弟子五人，问日：“前[③]为谁？”

---

① 以上六字从江南古藏本补。
② 《艺文类聚》九〇，《太平御览》九一五。
③ 《类聚》脱“前”字，依《御览》补。

对曰："子路，勇且力[1]。其次子贡为智，曾子为孝，颜回为仁，子张为武。"老子叹曰："吾闻南方有鸟，其名为凤……凤鸟之文，戴圣婴仁，右智左贤……"

这里以凤比孔子，似乎更明显。尤其有趣的是，那次孔子称老子为龙，这次是老子回敬孔子，比他作凤，龙凤是天生的一对，孔、老也是天生的一对，而话又出自彼此的口中，典则同见于《庄子》。你说这天生巧对是庄子巧思的创造，意匠的游戏——又是他老先生的"谬悠之说，荒唐之言，无端崖之辞"吗？也不尽然。前面说过原始殷人是以凤为图腾的，而孔子是殷人之后，我们尤其熟悉。老子是楚人，向来无异词，楚是祝融六姓中芈姓季连之后，而祝融，据近人的说法，就是那"人面龙身而无足"的烛龙，然则原始楚人也当是一个龙图腾的族团。以老子为龙，孔子为凤，可能是庄子的寓言，但寓言的产生也该有着一种素地，民俗学的素地（这可以《庄子》书中许多其他的寓言为证）。其实凤是殷人的象征，孔子是殷人的后裔，呼孔子为凤，无异称他为殷人。龙是夏人的，也是楚人的象征，说老子是龙，

① 《类聚》作"子路为勇"，此从《御览》。

等于说他是楚人，或夏人的本家。中国最古的民族单元不外夏殷，最典型中国式而最有支配势力的思想家莫如孔老，刊物命名为"龙凤"，不仅象征了民族，也象征了最能代表民族气质的思想家，这从某种观点看，不能不说是中国有刊物以来最漂亮的名字了！

然而，还是庄子的道理，"腐臭复化为神奇，神奇复化为腐臭"，——从另一种观点看，最漂亮的说不定也就是最丑恶的。我们在上文说过，图腾式的民族社会早已变成了国家，而封建的王国又早已变成了大一统的帝国，在我们今天的记忆中，龙凤只是"帝德"与"天威"的标记而已，现在从这角度来打量孔老，恕我只能看见一位"申申如也，夭夭如也"而谄上骄下的司寇，和一位以"大巧若拙"的手段"助纣为虐"的柱下史（五千言本也是"君人南面之术"）。有时两个身影叠成一个，便又幻出忽而"内老外儒"，忽而"外老内儒"，种种的奇形怪状。要晓得这条"见首不见尾"的阴谋家——龙，这只"戴圣婴仁"的伪君子——凤，或二者的混合体，和那象征着"帝德"、"天威"的龙凤，是不可须臾离的。有了主子，就用得着奴才，有了奴才，也必然会捧出一个主子，帝王与士大夫是相依为命的。主子的淫威和奴才的恶毒——暴发户与破落户双重势力的结合，压得人民半死不活。三千年惨痛的记忆，教我们面对这意味深长的

“龙凤”二字，怎能不怵目惊心呢！

事实上，生物界只有穷凶极恶而诡计多端的蛇，和受人豢养，替人帮闲，而终不免被人宰割的鸡，哪有什么龙和凤呢？科学来了，神话该退位了。办刊物的人也得当心，再不得要让“死的拉住活的”了！

要不然，万一非给这民族选定一个象征性的生物不可，那就还是狮子罢，我说还是那能够怒吼的狮子罢，如果它不再太贪睡的话。

屈原问题

——敬质孙次舟先生

一

不久前在成都因孙次舟先生闯了一个祸，过不久听见的文学史问题争论战又热闹过一阵。在昆明不大能见到那边的报纸和刊物，所以很少知道那回事的。但孙先生提出的确乎是个重要问题，它不但属于文学史，也属于社会发展史的范围，如果不是在战时，我想它定能吸引更广大的，甚而全国性的热烈的注意。然而即使是战时，在适当的角度下问题还是值得注目的。

孙先生说屈原是个“文学弄臣”，为读者的方便，我现在把他的四项论证叙述如下。

（一）《史记》不可靠。司马迁作《屈原传》只凭传说，并没有“史源”，所以那里所载的屈原事迹都不可靠。（论证从略。）

（二）战国末年纯文艺家没有地位。孙先生认为文人起于春秋战国间，那时政论家已经取得独立的社会地位，纯文艺家则没有。这情形到战国末年——屈宋时代还是一样，就是西汉时也还没有多大改变，所以东方朔郭舍人枚皋一流人都“见视如倡”，司马相如虽有点政治才能，仍靠辞赋为进身之阶（一多案也得仰仗狗监推荐!），甚至连司马迁都叹道“固主上所戏弄倡优蓄之”。孙先生又说，经过西汉末扬雄、桓谭、冯衍等的争取，文人的地位，这才渐渐提高到东汉史书里，才出现了《文苑传》。

（三）以宋玉的职业来证屈原的身份。从《高唐》、《神女》、《登徒子好色》三赋里孙先生证明了宋玉不过是陪着君王说说笑笑玩玩耍耍的一个“面目姣好，服饰华丽的小伙子”，态度并且很不庄重。而司马迁明说宋玉是“祖屈原之从容辞令”的，那么屈原当日和怀王在一起的生活情形，也便可想而知了。

（四）《离骚》内证。孙先生发现战国时代有崇尚男性姿容，和男性姿态服饰以模拟女性为美的风气，他举《墨子·尚贤篇》“王公大人，有所爱其色而使”，“今王公大人，其所富其所贵，皆王公大人骨肉之亲，无故富贵面目好美者也”，和《荀子·非相篇》“今世俗之乱君，乡曲之儇子，莫不美丽姚冶，奇衣妇饰，血气态度，拟于女子”等语为证。他说作为文学弄臣的男性，正属于这类，而屈原即其一例。《离骚》中每以美人自拟，以芳草相比，说“昭质未亏”，说

“孰求美而释女”，又好矜夸服饰，这都代表着那一时的风气。《离骚》，据孙先生看，当作于怀王入秦以前，是这位文学弄臣，因与同列“靳尚之流”争宠，遭受谗言，使气出走，而年淹日久，又不见召回，以绝望自杀时的一封绝命书。他分析其内容，认为那里“充满了富有脂粉气息的美男子的失恋泪痕”：

众女嫉余之娥眉兮，谣诼谓余以善淫。（后宫弄臣姬妾争风吃醋。）

初既与余成言兮，后悔遁而有他。（男女情人相责的口吻。）

余即不难夫离别兮，伤灵修之数化。（眷恋旧情，依依不舍。）

汩余若将不及兮，恐年岁之不吾与。——惟草木之零落兮，恐美人之迟暮。——老冉冉其将至兮，恐修名之不立。——及年岁之未晏兮，时亦其为央。（顾惜青春，惟恐色衰。）

心犹豫而狐疑兮，欲自适而不可。（旁人劝他自动回宫。他依然负气，不肯服软。）

苟中情其好修兮，又何必用夫行媒？（自想请人疏通，恐怕也是枉然。）

会歔欷余郁邑兮，哀朕时之不当，揽茹蕙以掩泣兮，沾余襟之浪浪。（但知自伤命薄，做出一副女儿相。）

闺中既已邃远兮，哲王又不寤，怀朕情而不发兮，焉能忍与此终古！　（终以热情难制，决定自杀。）

至于篇中所以称述古代的圣主贤臣，孙先生以为，那还是影射怀王对他宠信不终，听信谗言，乃至和他疏远那一连串事实的。“因为屈原和怀王有一种超乎寻常君臣的关系，”他说，“所以在《离骚》中多有暧昧不清的可作两面解释的辞句。”但他确是一个“天质忠良”，“心地纯正”，而且“情感浓烈”的人，不像别人只一意的引导着君王欢乐无度，不顾“皇舆之败绩”，他——屈原是要让怀王欢乐而不妨国政，以期“及前望之踵武”的。然而他究竟是一个“富有女子气息的文人”。孙先生还申斥道：“‘无能的’把事情闹糟，即使能够知耻的以死谢国人，那也逃不了孔子‘自经于沟渎’是‘匹夫匹妇之谅也’的严正批评的。”总之，他“是文人发展史上一个被时代牺牲了的人物”（因为男色的风习，在古代中国并不认为是不道德的），但我们也不因此就“剥夺了他那《离骚》在文学史上的地位”。

二

述完了孙先生的话，我还要讲讲关于他如何提出这个问题，和我个人如何对它发生兴趣的一些小故事。本年九月间，朱佩弦先生从成都给我一封信，内附孙次舟先生的一篇文章，题作“屈原是‘文学弄臣’的发疑（兼答屈原崇拜者）”是从成都中央日报的中央副刊剪下的。信上说，在本年成都的“诗人节”纪念会上，孙先生提出了这个问题，立时当地文艺界为之大哗，接着就向他发动围攻，直到最近孙先生才开始公开抵抗，那便是这篇文章的来由。佩弦先生还说到他自己同情孙先生的意思。后来他回到昆明，我们见着便谈起这事，我问他还记不记得十几年前，我和他谈到孙先生类似的意见，他只摇摇头。（十几年是一个太长的时间，我想。）这里让我打一个岔。就在本年暑假中，我接到了某官方出版机关的一封信，约我写一本屈原传一类的小书，我婉词谢绝了，读者此刻可以明白我当时的苦衷了吧！好了，前几天佩弦先生又给我送来孙先生的第二篇文章，在这篇《屈原讨论的最后申辩》的附白中，孙先生转录了李长之兄给他通信里这样一段话：“昔闻一多先生亦有类似之说，以屈原与梅兰芳相比。”本来我看到孙先生第一篇文章时，并没有打算对这问题参加讨论，虽则心里也发生过一点疑问：让孙先生这样一个人挨打，道义上是否说得过去呢？如今长之兄既把我的底细揭穿了，而孙先生也那样客气的说道“闻一多先生大作如写成，定胜出拙文远甚”。（这仿佛是硬拖人下水的样子，假如不是我神经过敏的话。）这来，我的处境便更尴尬了，我当时想，如果再守口如瓶，岂不成了临阵脱逃吗？于是我便决定动笔了。

然而我虽同情孙先生，却不打算以同盟军的姿态出马，我是想来冒险作个调人的。老实说，这回的事件并不那样严重，冲突的发生只由于一点误会。孙先生以屈原为弄臣，是完全正确地指出了一桩历史事实，不幸的是，他没有将这事实在历史发展过程中所代表的意义充分的予以说明，这便是误会之所以发生吧！我以为，事实诚然有些讨厌，然而不先把意义问个水落石出，便一窝蜂的涌上来要捣毁事实，以图泄愤，这是文艺界朋友们太性急点。至于这时不赶紧宣布意义，让意义去保护事实，却只顾在事实的圈子里招架，也不能不说是孙先生的失策。其实事实讨厌，意义不一定讨厌。话说穿了，屈原在文学史上的地位，不惟不能被剥夺，说不定更要稳固，到那时我相信我们的文艺界还要欢迎孙先生所指出的事实，岂只不拒绝它？

三

除一部分尚未达到奴隶社会阶段的原始民族外，全人类的历史便是一部奴隶解放史。在我们的历史上，最下层的离开贵族（奴隶领主）最远的农业奴隶，大概最先被解放。次之是工商业奴隶。在古代自足式的社会里，庶民的衣食器具都不用假手于人，所以在民间工商是不成其为独立职业的。只养尊处优的贵族们才需要并且能够养一些工商奴隶，给他们制造精巧的器具，采办珍奇的货物。商处于市井，是在贵族都邑的城圈内的，工处于官府，简直在贵族家里了。这两种奴隶被解放的时期的先后，便依他们所在地离开贵族的远近而定，但比起农人来，可都晚得多了。

但解放得最晚的，还是那贴紧的围绕着主人身边，给主人充厮役，听差遣，供玩弄，和当清客——总而言之在内廷帮闲的奴隶集团。这其间所包括的人物依靠后世的说法，便有最狎昵的姬妾幸臣，最卑贱的宫娥太监，较高等的乐工舞女和各色技艺人才，以及扈从游宴的“文学侍从之臣”等等。论出身他们有的本是贵族，或以本族人而获罪，降为皂隶，或以异族人而丧师亡国，被俘虏为奴，或以出国为“质”，不能返国，而沦为臣妾，此外自然也有奴隶的子孙世袭为奴隶的。若就男性的讲，因为本是贵族子弟，所以往往眉清目秀，举止娴雅，而知识水准也相当高。从此我们可以明白，像这样的家内奴隶（包括孙先生所谓“文学弄臣”在内）身份虽低，本质却不坏，职事虽为公卿大夫们所不齿，才智却不在他们之下。他们确乎是时代的牺牲者，当别的奴隶阶层（农，工，商）早已经获得解放，他们这些狐狸，兔子，鹦鹉，山鸡和金鱼却还在金丝笼和玻璃缸里度着无愁的岁月。一来是主人需要他们的姿色和聪明，舍不下他们；二来是他们也需要主人的饲养和鉴赏，不愿也不能舍弃主人。他们不幸和主人太贴近了，主人的恩泽淹灭了他们的记忆，他们失去自由太久了，便也失去了对自由的欲望。他们是被时代牺牲了，然而也是被时代玉成了。玲珑细致的职业，加以悠闲的岁月，深厚的传统，给他们的天才以最理想的发育机会，于是奴隶制度的粪土中，便培养出文学艺术的花朵来了。没有弄臣的屈原，那有文学家的屈原？历史原是在这样的迂回过程中发展着，文化也是在这样的迂回中成长的。

四

更重要的是奴隶制度不仅产生了文学艺术，还产生了“人”。本来上帝没有创造过主人和奴隶，他只创造了“人”。在血液中屈原和怀王尤其没有两样（他们同姓），只是人为的制度，把他们安排成那可耻的关系。可是这里“人定”并没有“胜天”，反倒是人的罪孽助成了天的意志。被谗，失宠和流落，诱导了屈原的反抗性，在出走和自省中我们看见了奴隶的脆弱，也看见了“人”的尊严。先天的屈原不是一个奴隶，后天的屈原也不完全是一个奴隶。他之不能完全不是一个奴隶，我们应该同情（那是时代束缚了他），他之能不完全是一个奴隶，我们尤其应该钦佩（那是他在挣脱时代的束缚），要了解屈原的人格，最好比较比较《离骚》和《九辩》。

伏清白以死直兮，固前圣之所厚。

虽体解吾犹未变兮，岂余心之可惩？

不量凿而正柄兮，固前修以菹醢。

《九辩》里何曾发过这样的脾气！尤其是那两篇的结尾——一边是：

已矣哉！国无人莫我知兮，又何怀乎故都？

既莫足与为美政兮，吾将从彭咸之所居！

一边是：

顾皇天之厚德兮，还及君之无恙！

那坚强的决裂和这“临去秋波那一转”是多么有讽刺性

的对照！我同意孙先生从宋玉的身份看屈原的身份，但我不相信从宋玉的人格里找寻的屈原的人格，因此我不同意孙先生的“以情推度”，说“若《高唐赋》、《神女赋》这类作品屈原当也写了不少”。

我也不十分同意孙先生只赞许一个“天质忠良”，“心地纯正”和“忠款与热情”的屈原，这些也许都是实情，但我觉得屈原最突出的品性，毋宁是孤高与激烈。这正是从《卜居》、《渔父》的作者到西汉人对屈原的认识。到东汉班固的批评还是“露才扬己，怨怼沉江”和什么“不合经意”，这里语气虽有些不满，认识依然是正确的。大概从王逸替他和儒家的经术拉拢，这才有了一个纯粹的“忠君爱国”的屈原，再经过宋人的吹嘘，到今天居然成了牢不可破的观念。可是这中间我记得，至少还有两个人了解屈原，一个是那教人“痛饮酒，熟读离骚便可称名士”的王孝伯，一个是在通鉴里连屈原的名字都不屑一提的司马光。前者一个同情的名士，后者一个敌意的腐儒，都不失为屈原的知己。一个孤高激烈的奴隶，决不是一个好的奴隶，所以名士爱他，腐儒恨他。可是一个不好的奴隶正是一个好的“人”。我在孙先生的第二篇文章里面领教过他的“火气”哲学，十分钦佩。如今孙先生察觉了屈原的“脂粉气”，而没有察觉他的“火气”，这对屈原是不大公平的。

五

孙先生承认“陪着王玩耍或歌舞的人物，有时要诙笑嫚戏，有时也要出入宫廷传达命令”。既然常传达命令，则日子久了，干预政治是必然之势。既有机会干预政治，就有可能对政治发生真实的兴趣。“天质忠良”，“心地纯正”的屈原为什么对当时的政治不是真心想“竭忠尽智”呢？孙先生说屈原的“上称帝喾，下道齐桓，中述汤、武”，与孔孟之称道古帝王不同，“他的重点都只在怀王对他宠信的不终，而听信谗言，疏远了他这一种为自己身上的打算上”。我只知道圣人也是“三月无君，则皇皇如也”的，为什么孔孟的称道古帝王是完全为别人打算，屈原的称道就完全为自己呢？并且什么圣主贤臣，风云际会，打得火热的那一套，也不过是当时的老生常谈而已，除老庄外，先秦诸子那一家不会讲？何只孔孟？

孙先生大概认定弄臣只是弄臣，其余一切，尤其国家大事，便与他们无干，所以不相信《史记》里那些关于屈原政治生活的记载。《史记·屈原传》未必全都可靠，正如《史记》的其他部分一样，但那不能不说是“事出有因”。孙先生说它没有“史源”可靠的少，而民间道听途说式的“传说”十有八九是真话。你不能从字面上读历史，《史记·屈原传》尽管是一笔糊涂账，可是往往是最糊涂的账中泄露了最高度的真实来。从来“内廷”和“外廷”的界限就分不清楚，屈原是个文学弄臣，并不妨碍他是个政治家。从“赘婿”出身的淳于髡不也会带着“黄金千镒，白璧十双，车马百驷”为齐使赵，而得到成功吗？因此我们又明白了，“滑稽多辩”是弄臣必需的条件，也是使臣必须的条件。正如作为辞赋起源的辞令，也就是那人臣们“使于四方”用以“专对”的辞令，“登高能赋”是古代“为大夫”的资格，也合了后世为弄臣，为使臣的资格，弄臣与使臣，职务虽然两样，人物往往不妨只要一个。也许正因屈原是一个“博文疆志……娴于辞令”的漂亮弄臣，才符合了那“出则接遇宾客，应对诸侯”的漂亮外交家的资格。战国时代本不是一个在传统意义下讲资格，讲地位的时代，而是一个一切价值在重新估定的时代，那年头谁有活动的能力，便不愁没有活动的机会。讲到身份，苏秦、张仪也够卑贱的，然而不妨碍他们致身卿相，然则在另一个属性上身份也是卑贱的屈原，何不能做三闾大夫和左徒呢？在屈原看来，从来倒是“肉食者鄙”，而你看，奴隶中却不断的站起了辉煌的人物。

> 说操筑于傅岩兮，武丁用而不疑，
> 吕望之鼓刀兮，遭周文而得举，
> 宁戚之讴歌兮，齐桓闻以该辅。

屈原，自己一个文化奴隶，站起来又被人挤倒，他这段话真是有慨乎言之啊！一个文化奴隶（孙先生叫他做“文学弄臣”）要变作一个政治家，到头虽然失败，毕竟也算翻了一次身，这是文化发展的迂回性的另一方面。

六

中国文学有两个截然不同的传统，一个是《诗经》，一个是《楚辞》，历来总喜欢把它们连成一串，真是痴人说梦。《诗经》不属于本文的范围，姑且不去管它。关于《楚辞》这传统的来源，从来没有人认真追究过，对于它的价值也很少有正确的估计。我以为在传统来源问题的探究上，从前廖季平先生的《离骚》即秦博士的《仙真人诗》的说法，是真正著上了一点儿。此外便要数孙先生这次的“发疑”贡献最大。像孙先生这样的看法，正如上文说过的，我从前也想到了。但我以为光是这样的看法，并不能解决《离骚》全部的问题，质言之，依孙先生的看法，只可以解释这里面男人为什么要说女人话，还不能解释人为什么要说神话。自“驷玉虬以乘鹥兮，溘埃风余上征”以下一大段，中间讲到羲和、望舒、飞廉、雷师，讲到宓妃、有娀，有虞二姚，整个离开了这个现实世界，像这类的话，似乎非《仙真人诗》不足以解释。（当然不是秦博士的《仙真人诗》，屈大夫为什么不也可以作这样的诗呢!）关于这点的详细论证，此地不能陈述。总之，我不相信《离骚》是什么绝命书，我每逢读到这篇奇文，总仿佛看见一个粉墨登场的神采奕奕潇洒出尘的美男子，扮演着一个什么名正则，字灵均的“神仙中人”说话（毋宁是唱歌），但说着说着，优伶丢掉了他剧中人的身份，说出自己的心事来，于是个人的身世，国家的命运，变成哀怨和愤怒，火浆似的喷向听众，炙灼着，燃烧着千百人的心——这时大概他自己也不知道是在演戏还是在骂街吧！从来艺术就是教育，但艺术效果之高，教育意义之大，在中国历史上，这还是破天荒第一次。

《诗经》时代是一个朴质的农业时代，《三百篇》的艺术效果虽低，但那里艺术与教育是合一的。到了战国，商业资本起来了，艺术逐随着贵族生活的骄奢淫逸，而与教育脱节，变成了少数人纵欲的工具，因之艺术工作者也就变成了为少数人制造这种工具的工具。这现象在《诗经》时代的教育意义，那就是说恢复了《诗经》时代艺术的健康性，而减免了它的朴质性。从奴隶制度的粪土中不但茁生了文学艺术，而且这文学艺术里面还包含着了作为一切伟人文学艺术真实内容的教育意义，因此，奴隶不但重新站起来做了“人”，而且做了“人”的导师。《离骚》之堪“与日月争光”，真能如孙先生所说，是“汉以还人误解”了吗?

七

综上所述，我们可以知道孙先生的误会，是把事实看倒了头，那便是说，事实本来是先有弄臣，而后变成文人（而且不是一个寻常的文人！），孙先生却把它看成先有文人，而后变成弄臣。这一来真是“失之毫厘，谬以千里”了！依我们的看法，是反抗的奴隶居然挣脱枷锁，变成了人，依孙先生的看法，是好好的人偏要跳入火坑，变了奴隶，更没有人愿看见他自己的偶像变成奴隶，所以依照孙先生指出的事实，加上他的看法，文艺界对他的群起而攻之，是极自然的现象，反之假如他们不这样做，那倒可怪哩！

我曾经深思过，以孙先生的博学和卓识，何以居然把事实看倒了头呢？恕我不敬，我的解答是下面这一连串东西：士大夫的顽固的道德教条主义——统治阶级，剥削阶级的优越感——封建生产关系的狭隘性的残余意识，因为上述的这些毒素，因为压迫者对于被压迫者的本能的嫌恶，孙先生一发现屈原的那种身份，便冒火，他是“嫉恶如仇”的，所以要“除恶务尽”，他的正义感使他不问青红皂白，看见奴隶就拳打脚踢，因此，他虽没有把一切于屈原有利的都否认了，他确乎把一切于他有损的地方都夸大了。“缺少屈原也没来头，……即使我真是‘信口开河’……也不应得什么罪过。”他还说。先生！这就是罪过。对奴隶，我们只当同情，对有反抗性的奴隶，尤当尊敬，不是吗？然而，摧残屈原的动机是嫌恶奴隶，救护屈原的动机也是嫌恶奴隶啊！文艺界也是见奴隶就冒火的，所以听人说屈原是奴隶就冒火。为了嫌恶奴隶，他们与孙先生是同样的勇敢，因为在这社会制度下，对于被压迫者，我们都是迫害狂的病患者啊！

我们当怎样估计过去的每一个伟大的艺术家呢？高尔基指示我们说，应该从两方面来着眼，一方面是作为“他自己的时代之子”，一方面就是作为“一个为争取人类解放而具有全世界历史意义的斗争的参加者”。我们要注意，在思想上存在着两个屈原，一个是“竭忠尽智以事其君”的集体精神的屈原，一个是“露才扬己，怨怼沉江”的个人精神的屈原。在前一方，屈原是“他自己的时代之子”，在后一方面，他是“一个为争取人类解放……斗争的参加者”。他的时代不允许他除了个人搏斗的形式外任何斗争的形式，而在这种斗争形式的最后阶段中，除了怀沙自沉，他也不可能有更凶猛的武器。然而他确乎斗争过了，他是“一个为争取人类解放而具有全世界历史意义的斗争的参加者”。如果我也是个“屈原崇拜者”，我是特别从这一方面上着眼来崇拜他的。

庄　子

臣之所好者道也，进乎技矣。

——《养生主》

一

庄子名周，宋之蒙人（今河南商丘县东北）。宋在战国时属魏，魏都大梁，因又称梁，《史记》说他与梁惠王、齐宣王同时。《庄子·田子方》、《徐无鬼》两篇于魏文侯，武侯称谥，而《则阳篇》、（秋水篇》迳称惠主的名字，又称公子，《山木篇》又称为王，《养生主》称文惠君，看来他大概生于魏武侯末叶，现在姑且定为周烈王元年（前375）。他的卒年，马叙伦定为赧王二十年（前295），大致是不错的。

与他同时代的惠施只管被称为“仲父”，齐国的稷下先生们只管“皆列第为上大夫”，荀卿只管“三为祭酒”，吕不韦的门下只管“珠履者三千人”，——庄周只管穷困了一生，寂寞了一生，《庄子·外物篇》说他“家贫，故往贷粟于监河侯”，《山木篇》说他“衣大布而补之，正緳系履而过魏王”。这两件故事是否寓言，不得而知，然而拿这里所反映的一副穷措大的写照，加在庄周身上，决不冤枉他。我们知道一个人稍有点才智，在当时，要结交王侯，赚些名声利禄，是极平常的事。《史记》称庄子“其学无所不窥”，又说他“善属书离辞，指事类情，用剽剥儒、墨，虽当世宿学不能自解免也”。庄子的博学和才辩并不弱似何人，当时也不是没人请教他，无奈他脾气太古怪，不会和他们混，不愿和他们混。据说楚威王遣过两位大夫来聘他为相，他发一大篇议论，吩咐他们走了。《史记》又说他做过一晌漆园吏，那多半是为糊口计。吏的职分真是小得可怜，谈不上仕宦，可是也有个好处——不致妨害人的身分，剥夺人的自由。庄子一辈子只是不肯作事，大概当一个小吏，在庄子，是让步到最高限度了。依据他自己的学说，做事是不应当的，还不只是一个人肯不肯的问题。但我想那是愤激的遁辞。他的实心话不业已对楚王的使者讲过吗？

> 子独不见郊祭之牺牛乎？养食之数岁，衣以文绣，以入大庙。当是之时，虽欲为孤豚，岂可得乎？

又有一次宋国有个曹商，为宋王出使到秦国，初去时，得了几乘车的俸禄，秦王高兴了，加到百乘，这人回来，碰见庄子，大夸他的本领，你猜庄子怎样回答他？

> 秦王有病召医。破痈溃痤者得车一乘，舐痔者得车五乘，所治愈下，得车愈多。子岂治其痔邪？何得车之多也？子行矣！

话是太挖苦了，可是当时宦途的风气也就可想而知。在那种情况之下，即使庄子想要做事，叫他如何做去？

我们根据现在的《庄子》三十三篇中比较可靠的一部分，考察他的行踪，知道他到过楚国一次，在齐国待过一晌，此外似乎在家乡的时候多。和他接谈过的也十有八九是本国人。《田子方篇》见鲁哀公的话，毫无问题是寓言；《说剑》是一篇赝作，因此见赵文王的事更靠不住。倒是"庄子钓于濮水"，"庄子与惠子游于濠梁之上"，"庄子游乎雕陵之樊"，"庄子行于山中，……出于山，舍于故人之家"——这一类的记载比较合于庄周的身分，所以我们至少可以从这里猜出他的生活的一个大致。他大概是《刻意篇》所谓"就薮泽，处闲旷，钓鱼闲处，无为而已矣"的一种人。我们不能想象庄子那人，朱门大厦中会常常有他的足迹，尽管时代的风气是那样的，风气干庄周什么事？况且王侯们也未必十分热心要见庄周。凭白的叫他挖苦一顿做什么！太史公不是明讲了“自王公大人不能器之”吗？

惠子屡次攻击庄子“无用”。那真是全不懂庄子而又懂透了庄子。庄子诚然是无用，但是他要“用”做什么？

> 山木自寇也，膏火自煎也。桂可食，故伐之；漆可用，故割之。人皆知有用之用，而莫知无用之用也。

这样看来，王公大人们不能器重庄子，正合庄子的心愿。他“学无所不窥”，他“属书离辞，指事类情”，正因犯着有用的嫌疑，所以更不能不掩藏、避讳，装出那“其卧徐徐，其觉于于，一以己为马，一以己为牛”的一副假痴假呆的样子，以求自救。

归真的讲，关于庄子的生活，我们知道的很有限。三十三篇中述了不少关于他的轶事，可是谁能指出那是寓言，那是实录？所幸的，那些似真似假的材料，虽不好坐实为庄子的信史，却满足以代表他的性情与思想；那起码都算得画家所谓“得其神似”。例如《齐物论》里“庄周梦为蝴蝶”的谈话，恰恰反映着一个潇洒的庄子；《至乐篇》称“庄子妻死，惠子吊之，庄子则方箕踞鼓盆而歌”，又分明影射着一个放达的庄子；《列御寇篇》所载庄子临终的那段放论，也许完全可靠：

> 庄子将死，弟子欲厚葬之。庄子曰："吾以天地为棺椁，以日月为连璧，星辰为珠玑，万物为赍送。吾葬具岂不备邪？何以加此！"弟子曰："吾恐乌鸢之食夫子也。"庄子曰："在上为乌鸢食，在下为蝼蚁食，夺彼与此，何其偏也。"

其余的故事，或滑稽，或激烈，或高超，或毒辣，不胜枚举，每一事象征着庄子人格的方面，综合的看去，何尝不俨然是一个活现的人物？

有一件事，我们知道万无可疑的，惠氏在庄子生活中占一个很重要的位置，这人是他最接近的朋友，也是他最大的仇敌。他的思想行为，一切都和庄子相反，然而才极高，学极博，又是和庄子相同的。他是当代最有势力的一派学说的首领，是魏国的一位大政治家。庄子一开口便和惠子抬扛；一部《庄子》，几乎页页上有直接或间接糟蹋惠子的话。说不定庄周著书的动机大部分是为反对惠施和惠施的学说，他并且有诬蔑到老朋友的人格的时候。据说（大概是他的弟子们进的谣言）庄子到梁国，惠子得着消息，下了一道通缉令，满城搜索了三天。说惠子是怕庄子来抢他的相位，冤枉了惠子，也冤枉了庄子。假如那事属实，大概惠子是被庄子毁谤得太过火，为他办事起见，不能不下那毒手？然而惠子死后，庄子送葬，走到朋友的墓旁，叹息道：“自夫子之死也，吾无以为质矣，吾无与言之矣！”两人本是旗鼓相当的敌手，难怪惠子死了，庄子反而感到孤寂。

除了同国的惠子之外，庄子不见得还有多少朋友，他的门徒大概也有限。朱熹以为“庄子当时亦无人宗之，他只在僻处自说”，像是对的。孟子是邹人，离着蒙不甚远，梁、宋又是他到过的地方，他辟杨墨，没有辟到庄子。《尸子》曰：“墨子贵兼，孔子贵公，皇子贵衷，田子贵均，列子贵虚，料子贵别囿。”没有提及庄子。《吕氏春秋》也有同类的论断，从老聃数到儿良，偏漏掉了庄子。似乎当时只有荀卿谈到庄子一次，此外绝没有注意到他的。

庄子果然毕生盛寂寞，不但如此，死后还埋没了很长的时期。西汉人讲黄老而不讲老庄。东汉初班嗣有报桓谭借《庄子》的信札，博学的桓谭连《庄子》都没见过。注《老子》的邻氏、傅氏、徐氏、河上公、刘向、毋丘望之、严遵等都是西汉人；两汉竟没有注《庄子》的。庄子说他要“处乎材与不材之间”，他怕的是名，一心要逃名，果然他几乎要达到目的，永远埋没了。但是我们记得，韩康徒然要向卖药的生活中埋名，不晓得名早落在人间，并且恰巧要被一个寻常的女子当面给他说破。求名之难，那有逃名难呢？庄周也要逃名；暂时的名可算给他逃过了，可是暂时的沉寂毕竟只为那永久的赫烜作了张本。

一到魏、晋之间，庄子的声势忽然浩大起来，崔撰首先给他作注，跟着向秀、郭象、司马彪、李颐都注《庄子》。像魔术似的，庄子忽然占据了那全时代的身心，他们的生活、思想、文艺，——整个文明的核心是庄子。他们说："三日不读《老》、《庄》，则舌本间强。"尤其是庄子，竟是清谈家的灵感的泉源。从此以后，中国人的文化上永远留着庄子的烙印。他的书成了经典。他屡次荣膺帝王的尊封。至于历代文人学者对他的崇拜，更不用提。别的圣哲，我们也崇拜，但那像对庄子那样倾倒、醉心、发狂？

二

庖丁对答文惠君说："臣之所好者道也，进乎技矣。"这句话的意义，若许人变通的解释一下，便恰好可以移作庄子本人的断语。庄子是一位哲学家，然而侵入了文学的圣域，庄子的哲学，不属本篇讨论的范围。我们单讲文学家庄子，如有涉及他的思想的地方，那是当作文学的核心看待的，对于思想本身，我们不加批评。

古来谈哲学以老、庄并称，谈文学以庄、屈并称。南华的文辞是千真万真的文学、人人都承认。可是《庄子》的文学价值还不只在文辞上。实在连他的哲学都不像寻常那一种矜严的，竣刻的，料峭的一味皱眉头，绞脑子的东西；他的思想本身便是一首绝妙的诗。

一壁认定现实全是幻觉，是虚无，一壁以为那真正的虚无才是实有，庄子的议论，反来复去，不外这两个观点。那虚无，或称太极，或称涅槃，或称本体，庄子称之为“道”。他说：

> 夫道有情有信，无为无形；可传而不可受，可得而不可见；自本自根，未有天地，自古以固存；神鬼神帝，生天生地；在太极之先而不为高，在六极之下而不为深，先天地生而不为久，长于上古而不为老——豨韦氏得之以挈天地，伏戏氏得之以袭气母，维斗得之终古不忒，日月得之终古不息；勘坏得之以袭昆仑，冯夷得之以游大川，肩吾得之以处大山，黄帝得之以登云天，颛顼得之以处玄宫，禺强得之立乎北极；西王母得之坐乎少广，莫知其始，莫知其终，彭祖得之上及有虞，下及五伯，傅说得之以相武丁，奄有天下，乘东维、骑箕尾而比于列星。

有大智慧的人们都会认识道的存在，信仰道的实有，却不像庄子那样热忱的爱慕它。在这里，庄子是从哲学又跨进了一步，到了文学的封域。他那婴儿哭着要捉月亮似的天真，那神秘的怅惘，圣睿的憧憬，无边无际的企慕，无涯岸的艳羡，便使他成为最真实的诗人。

然而现实究竟不容易抹煞，即使你说现实是幻觉，幻觉的存在也是一种存在。要调解这冲突，起码得承认现实是一种寄寓，或则像李白认定自己是“天上谪仙人”，现世的生活便成为他的流寓了。“万物生于有，有生于无”，庄子仿佛说：那“无”处便是我们真正的故乡。他苦的是不能忘情于他的故乡。“旧国旧都，望之怅然”，是人情之常，纵使故乡是在时间以前，空间以外的一个缥缈极了的“无何有之乡”，谁能不追忆，不怅望？何况羁旅中的生活又是那般龌龊、逼仄、孤凄、烦闷？

悲歌可以当泣，远望可以当归。

庄子的著述，与其说是哲学，毋宁说是客中思家的哀呼；他运用思想，与其说是寻求真理，毋宁说是眺望故乡，咀嚼旧梦。他说：“卮言日出，和以天倪，因以曼衍，所以穷年。”一种客中百无聊赖的情绪完全流露了。他这思念故乡的病意，根本是一种浪漫的态度，诗的情趣。并且因为他钟情之处，“大有迳庭，不近人情”，太超忽，太神秘，广大无边，几乎令人捉摸不住，所以浪漫的态度中又充满了不可逼视的庄严。是诗便少不了那一个哀艳的“情”字。《三百篇》是劳人思妇的情；屈、宋是仁人志士的情；庄子的情可难说了，只超人才载得住他那种神圣的客愁。所以庄子是开辟以来最古怪最伟大的一个情种；若讲庄子是诗人，还不仅是泛泛的诗人。

或许你要问：庄子的思致诚然是美，可是那一种精深的思想不美呢？怎见得《庄子》便是文学？你说他如趣味分明是理智的冷艳多于情感的温馨，他的姿态也是瘦硬多于柔腻，那只算得思想的美，不是情绪的美。不错。不过你能为我指出思想与情绪的分界究竟在那里吗？唐子西在惠州给各种酒取名字，温和的叫作“养生主”，劲烈的叫作“齐物论”。他真是善于饮酒，又善于读《庄子》。《庄子》会使你陶醉，正因为那里边充满了和煦的、郁蒸的、焚灼的各种温度的情绪。向来一切伟大的文学和伟大的哲学是不分彼此的。你若看不出《庄子》的文学，只因他的神理太高，你骤然体验不到。

又恐琼楼玉宇，高处不胜寒。

是就下界的人们讲的，你若真是隶籍仙灵，何至有不胜寒的苦头？并且文学是要和哲学不分彼此，才庄严，才伟大。哲学的起点便是文学的核心。只有浅溥的、庸琐的、渺小的文学，才专门注意花叶的美茂，而忘掉了那最原始、最宝贵的类似哲学的仁子。无论《庄子》的花叶已经够美茂的了；即令他没有发展到花叶，只他那简单的几颗仁子，给投在文学的园地上，便是莫大的贡献，无量的功德。

三

讲到文辞，本是庄子的余事，但也就够人赞叹不尽的，讲究辞令的风气，我们知道，春秋时早已发育了；战国时纵横家及以孟轲、荀卿、韩非、李斯等人的文章也够好了，但充其量只算是辞令的极致，一种纯熟的工具，工具的本身难得有独立的价值，庄子可不然，到他手里，辞令正式蜕化成文学了。他的文字不仅是表现思想的工具，似乎也是一种目的，对于文学家庄子的认识，老早就有了定案。《天下篇》讨论其他诸子，只讲思想，谈到庄周，大半是评论文辞的话。

> 以谬悠之说，荒唐之言，无端崖之辞，时恣纵而不傥，不以觭见之也。以天下为沈浊，不可与庄

语。以卮言为曼衍，以重言为真，以寓言为广。……其书虽瑰玮，而连犿无伤也。其辞虽参差，而諔诡可观。……其理不竭，其来不蜕，芒乎昧乎，未之尽者。

这可见庄子的文学色彩，在当时已瞒不过《天下篇》作者的注意。（假如《天下篇》是出于庄子自己的手笔，他简直以文学家自居了。）至于后世文人学者，每逢提到庄子，谁不一唱三叹的颂扬他的文辞？高似孙说他

极天之荒，穷人之伪，放肆迤演，如长江、大河，滚滚灌注，泛滥乎天下；又如万籁怒号，澎湃汹涌，声沉影灭，不可控抟。

赵秉忠把他和列子并论，说他们

摛而为文，穷造化之姿态，极生灵之辽广，剖神圣之渺幽，探有无之隐赜，……

呜呼！天籁之鸣，风水之运，吾靡得覃其奇矣！

凌约言讲得简括而无其有意致：

庄子如神仙下世，咳吐谑浪，皆成丹砂。

读《庄子》，本分不出那是思想的美，那是文字的美。那思想与文字，外型与本质的极端的调和，那种不可捉摸的浑圆的机体，便是文章家的极致；只那一点，便足注定庄子在文学中的地位。朱熹说庄子“是他见得方说到”，一句极平淡极敷泛的断语，严格的讲，古今有几个人当得起？其实在庄子，“见”与“说”之间并无因果的关系，那譬如一面花，一面字，原来只是一颗钱币。世界本无所谓真纯的思想，除了托身在文学里，思想别无存在的余地；同时，是一个字，便有它的涵义，文字等于是思想的躯壳，然而说来又觉得矛盾，一拿单字连缀成文章，居然有了缺乏思想的文字，或文字表达不出的思想。比方我讲自然现象中有种无光的火，或无火的光，你肯信吗？在人工的制作里确乎有那种文字与思想不碰头的偏枯的现象，不是辞不达意，便是辞浮于理。我们且不讲言情的文，或状物的文。言情状物要做到文辞与意义兼到，固然不容易，纯粹说理的文做到那地步尤其难，几乎不可能。也许正因为那是近乎不可能的境地，有人便要把说理文根本排出文学的范围外，那真是和狐狸吃不着葡萄，说葡萄酸一样的可笑。要反驳那种谬论，最好拿《庄子》给他读，即使除了庄子，你抬不出第二位证人来，那也不妨。就算庄子造了一件灵异的奇迹，一件化工罢了——就算庄子是单身匹马给文学开拓了一块新领土，也无不可。读《庄子》的人，定知道那是多层的愉快。你正在惊异那思想的奇警，在那踌躇的当儿，忽然又发觉一件事，你向那精微奥妙的思想何以竟有那样凑巧的曲达圆妙的辞句来表达它，你更惊异；再定神一看，又不知道那是思想那是文字了，也许什么也不是，而是经过化合作用的第三种东西，于是你尤其惊异。这应接不暇的惊异，便使你加倍的愉快，乐不可支。这境界，无论如何，在庄子以前，绝对找不到，以后，遇着的机会确实也不多。

四

如果你要的是纯粹的文学，在庄子那素净的说理文的背景上，也有着你看不完的花团锦簇的点缀——断索，零纨，珠光剑气，鸟语花香——诗，赋，传奇，小说，种种的原料，尽够你欣赏的，采撷的。这可以证明如果庄子高兴做一个通常所谓的文学家，他不是不能。

他是一个抒情的天才。宋祁、刘辰翁、杨慎等极欣赏的：

> 送君者皆自厓而返，君自此远矣！

果然是读了“令人萧寥有遗世之意”。

《则阳篇》也有一段极有情致的文字：

> 旧国旧都，望之畅然。虽使丘陵草木之缗，入之者十九，犹之畅然。况见见闻闻者也，以十仞之台悬众间者也。

明人吴世尚曰：“《易》之妙妙于象，《诗》之妙妙于情；《老》之妙得于《易》，《庄子》妙得于《诗》。”这里果然是一首妙绝的诗——外形同本质都是诗：

> 天其运乎？地其处乎？日月其争于所乎？孰主张是？孰维纲是？孰居无事推而行是？意者其有机缄而不得已乎？意者其运转而不能自止邪？云者为雨乎？雨者为云乎？孰隆施是？孰居无事淫乐而劝是？风起北方，一西一东，有上彷徨——孰嘘吸是？孰居无事而披拂是？

这比屈原的《天问》何如？欧阳修说：“参差奇诡而近于物情，兴者比者俱不能得其仿佛也。”只讲对了作者的一种“不战不许持寸铁”的妙技，至乎他那越世高谈的神理，后世除了李白，谁追上他的踪尘？李白仿这意思作了一首《日出入行》，我们也录来看看：

> 日出东方隈，似从地底来，历天又入海，六龙所舍安在哉？其始与终古不息，人非元气安得与之久徘徊！草不谢荣于春风，木不怨落于秋天。谁挥鞭策驱四运？万物兴歌皆自然。……

古来最善解《庄争》的莫如宋真宗。张端义《贵耳集》载着一件轶事，说他：“宴近臣，语及《庄子》，忽命《秋水》，至则翠鬟绿衣，一小女童，诵《秋水》篇。”这真是一种奇妙批评《庄子》的方法。清人程庭鹭说：“向秀、郭象、应逊此女童全具《南华》神理。”所谓“神理”正指诗中那种最飘忽的，最高妙的抒情的趣味。

庄子又是一位写生的妙手。他的观察力往往胜过旁人百倍，正如刘辰翁所谓“不随人观物，故自有见”。他知道真人“凄然似秋，暖然似春”，或则“尸居而龙见，渊默而雷声”。他知道“生物之以息相吹”；他形容马“喜则交颈相靡，怒则分背相踢”；又看见“泽雉十步一啄，百步一饮”。他又知“槐之生也，入季春五日而兔目，十日而鼠耳，更旬而始规，二旬而叶成”。一部《庄子》中，这类的零星的珍玩，搜罗不尽。可是能刻画具型的物体，还不算一回事，风是一件不容易描写的东西，你看《齐物论》里有一段奇文：

> 夫大块噫气，其名为风。是唯无作，作则万窍怒呺。而独不闻之翏翏乎？山林之畏佳，大木百围之窍穴，似鼻，似口，似耳，似枅，似圈，似臼，似洼者，似污者。激者、謞者、叱者、吸者、叫者、譹者、宎者，咬者，前者唱于而随者唱喁，泠风则小和，飘风则大和，厉风济，则众窍为虚。而独不见之调调之刁刁乎？

注意那写的是风的自身，不像著名的宋玉《风赋》只写了风的表象。

五

讨论庄子的文学，真不好从那里讲起，头绪太多了，最紧要的例如他的谐趣，他的想象；而想象中，又有怪诞的，幽渺的，新奇的，秾丽的各种方向，有所谓“建设的想象”，有幻想；就谐趣讲，也有幽默，诙谐，讽刺，谑弄等等类别。这些其实都用得着专篇的文字来讨论，现在我们只就他的寓言连带的谈谈。

寓言本也是从辞令演化来的，不过庄子用得最多，也最精；寓言成为一种文艺，是从庄子起的。我们试想《桃花源记》、《毛颖传》等作品对于中国文学的贡献，便明了庄子的贡献。往下再不必问了，你可以一直推到《西游记》、《儒林外史》等等，都可以说是庄子的赐予。《寓言篇》明讲“寓言十九”。一部庄子几乎全是寓言，我们暂时无须举例。此刻急待解决的，倒是何以庄子的寓言便是文学。讲到这里，我只提到前面提出的谐趣与想象两点，你便恍然了；因为你知道那两种质素在文艺作品中所占的位置，尤其在中国文学中，更是那样凤毛麟角似的珍贵。若不是充满了他那隽永的谐趣，奇肆的想象，庄子的寓言当然和晏子、孟子以及一般游士说客的寓言，没有区别。谐趣和想象打成一片，设想愈奇幻，趣味愈滑稽，结果便愈能发人深省——这才是庄子的寓言。

有国于蜗之左角者，曰触氏；有国于蜗之右角者，曰蛮氏。时相与争地而战，伏尸数万，逐北，旬有五日而后反。

> 今之大冶铸金，金踊跃曰：“我必且为镆铘。”大冶必以为不祥之金，今一犯人之形，而曰：“人耳，人耳！”夫造化者，必以为不祥之人。

庄子的寓言竟有快变成唐、宋人的传奇的。他的“母题”固在故事所象征的意义，然而对于故事的本身——结构、描写、人格的分析，“氛围”的布置……他未尝不感觉兴味。

> 儒以诗礼发冢，大儒胪传曰：“东方作矣，事之何若？”小儒曰：“未解裙襦，口中有珠。《诗》固有之曰：青青之麦，生于陵陂。生不布施，死何含珠为！”接其鬓，压其顪，儒以金椎控其颐，徐别其颊，无伤口中珠。……

以及叙庖丁解牛时的细密的描写，还有其他的许多例，都足见庄子那小说家的手腕，至于书中各种各色的人格的研究，尤其值得注意，藐姑射山的神人，支离疏，庖丁，庚桑楚，都是极生动，极有个性的人物。

> 支离疏者，颐隐于齐，肩高于顶，会撮指天，

> 五管在上，两髀为胁。挫针治繲，足以糊口；鼓荚播精，足以食十人。上征武士，则支离攘臂于其间；上有大役，则支离以有常疾不受功；上与病者粟，则受三钟与十束薪。

文中之支离疏，画中的达摩，是中国艺术里最特色的两个产品。正如达摩是画中有诗，文中也常有一种“清丑入图画，视之如古铜古玉”的人物，都代表中国艺术中极高古、极纯粹的境界；而文学中这种境界的开创者，则推庄子。诚然《易经》的“载鬼一车”，《诗经》的“牂羊坟首”早已开创了一种荒怪丑恶的趣味，但没有庄子用得多而且精，这种以丑为美的兴趣，多到庄子那程度，或许近于病态；可是谁知道，文学不根本便犯着那嫌疑呢！并且庄子也有健全的时候。

> 藐姑射之山，有神人居焉。肌肤若冰雪，绰约若处子；不食五谷，吸风饮露，乘云气，御飞龙，而游乎四海之外；其神凝，使物不疵疠，而年谷熟。……之人也，物离之伤，大浸稽天而不溺，大旱金石流，土山焦而不热。

讲健全有能超过这样的吗？单看“肌肤若冰雪”一句，我们现在对于最高超也是最健全的美的观念，何尝不也是二千年前庄子给定下的标准？其实我们所谓健全不是庄子的健全，我们讲的是形骸，他注重的是精神，叔山无趾“犹有尊足者存”，王骀“且不知耳目之所宜，而游心乎德之和，物视其所一，而不见其所丧，丧其足，犹遗土也”。庄子自有他所谓的健全，似乎比我们的眼光更高一等。即令退一两步讲，认定精神不能离开形骸而单独存在；那么，你又应注意，庄子的病态中是带着几分诙谐的，因此可以称为病态，却不好算作堕落。

杜甫[1]

引　言

明吕坤曰："史在天地，如形之景。人皆思其高曾也，皆愿睹其景。至于文儒之士，其思书契以降之古人，尽若是已矣。"数千年来的祖宗，我们听见过他们的名字，他们生平的梗概，我们仿佛也知道一点，但是他们的容貌、声音，他们的性情、思想，他们心灵中的种种隐秘——欢乐和悲哀，神圣的企望，庄严的愤慨，以及可笑亦复可爱的弱点或怪癖……我们全是茫然。我们要追念，追念的对象在哪里？要仰慕，仰慕的目标是什么？要崇拜，向谁施礼？假如我们是肖子肖孙，我们该怎样的悲恸，怎样的心焦！

看不见祖宗的肖像，便将梦魂中迷离恍惚的，捕风捉影，摹拟出来，聊当瞻拜的对象——那也是没有办法的慰情的办法。我给诗人杜甫绘这幅小照，是不自量，是渎亵神圣，我都承认。因此工作开始了，马上又搁下了。一搁搁了

① 本文闻一多只完成了部分，即本文选录的这部分。

三年，依然死不下心去，还要赓续，不为别的，只还是不奈何那一点“思其高曾，愿睹其景”的苦衷罢了。

像我这回捎起的工作，本来应该包括两层步骤，第一是分析，第二是综合。近来某某考证，某某研究，分析的工作作得不少了；关于杜甫，这类的工作，据我知道的却没有十分特出的成绩。我自己在这里偶尔虽有些零星的补充，但是，我承认，也不是什么大发现。我这次简直是跳过了第一步，来径直做第二步；这样作法，是不会有好结果的，自己也明白。好在这只是初稿，只要那“思其高曾，愿睹其景”的心情不变，永远那样的策励我，横竖以后还可以随时搜罗，随时拼补。目下我决不敢说，这是真正的杜甫，我只说是我个人想象中的“诗圣”。

我们的生活如今真是太放纵了，太夸妄了，太杳小了，太龌龊了。因此我不能忘记杜甫；有个时期，华茨华斯也不能忘记弥尔敦，他喊——

“Milton！ thou should be living at this hour：
England hath need of thee：she is a fen
Of stagnant waters：alter sword，and pen，
Fireside，the heroic wealth of hall and bower，
Have forfeited their ancient English dower

Of in ward happiness, We are selfish men:

O raise us up, return to us again;

And give us manners virtue freedom power."

一

当中一个雄壮的女子跳舞，四面围满了人山人海的看客。内中有一个四龄童子，许是骑在爸爸肩上，歪着小脖子，看那舞女的手脚和丈长的彩帛渐渐摇起花来了，看着，看着，他也不觉眉飞目舞，仿佛很能领略其间的妙绪。他是从巩县特地赶到郾城来看跳舞的。这一回经验定给了他很深的印象。下面一段是他几十年后的回忆：

> 㸌如羿射九日落，矫如群帝骖龙翔，来如雷霆收震怒，罢如江海凝清光。

舞女是当代名满天下的公孙大娘。四岁的看客后来便成为中国有史以来第一个大诗人，四千年文化中最庄严，最瑰丽，最永久的一道光彩。四岁时看的东西，过了五十多年，还能留下那样活跃的印象，公孙大娘的艺术之神妙，可以想见，然而小看客的感受力，也就非凡了。

杜甫，字子美；生于唐睿宗先天元年（712）；原籍襄阳，曾祖依艺作河南巩县县令，便在巩县住家了。子美幼时的事迹，我们不大知道。我们知道的，是他母亲死得早，他小时是寄养在姑母家里。他自小就多病。有一天可叫姑母为难了。儿子和侄儿都病着，据女巫说，要病好，病人非睡在东南角的床上不可；但是东南角的床铺只有一张，病人却有两个。老太太居然下了决心，把侄儿安顿在吉利的地方，叫自家的儿子填了侄儿的空子。想不到决心下了，结果就来了。子美长大了，听见老家人讲姑母如何让表兄给他替了死，他一辈子觉得对不起姑母。

早慧不算稀奇，早慧的诗人尤其多着。只怕很少的诗人开笔开得像我们诗人那样有重大的意义。子美第一次破口歌颂的，不是什么凡物。这“七龄思即壮，开口咏凤凰”的小诗人，可以说，咏的便是他自己。禽族里再没有比凤凰善鸣的，诗国里也没有比杜甫更会唱的。凤凰是禽中之王，杜甫是诗中之圣，咏凤凰简直是诗人自占的预言。从此以后，他便常常以凤凰自比（《凤凰台》、《赤凤行》便是最明白的表示）；这种比拟，从现今这开明的时代看去，倒有一种特别恰当的地方。因为谈论到这伟大的人格，伟大的天才，谁不感觉寻常文字的无效？不，无效的还不只文字，你只顾呕尽心血来悬拟，揣测，总归是隔膜，那超人的灵府中的秘密，他的心情，他的思路，像宇宙的谜语一样，决不是寻常的脑经所能猜透的。你只懂得你能懂的东西，因此，谈到杜甫，只好拿不可思议的比不可思议的。凤凰你知道是神话，是子虚，是不可能。可是杜甫那伟大的人格，伟大的天才，你定神一想，可不是太伟大了，伟大得可疑吗？上下数千年没有第二个杜甫（李白有他的天才，没有他的人格），你敢信杜甫的存在绝对可靠吗？一切的神灵和类似神灵的人物都有人疑过，荷马有人疑过，莎士比亚有人疑过，杜甫失了被疑的资格，只因文献、史迹，种种不容抵赖的铁证，一五一十，都在我们手里。

子美自弱冠以后，直到老死，在四方奔波的时候多，安心求学的机会很少。若不是从小用过一番苦功，这诗人的学力哪得如此的雄厚？生在书香门第，家境即使贫寒，祖藏的书籍总还够他餍饫的。从七八岁到弱冠的期间中，我们想象子美的生活，最主要的，不外作诗，作赋，读书，写擘窠大字，……无论如何，闲游的日子总占少数。（从七岁以后，据他自称，四十年中做了一千多首诗文；一千多首作品是要时候作的。）并且多病的身体当不起剧烈的户外生活，读书学文便自然成了唯一的消遣。他的思想成熟得特别早，一半固由于天赋，一半大概也是孤僻的书斋生活酿成的。在书斋里，他自有他的世界。他的世界是时间构成的；沿着时间的航线，上下三四千年，来往的飞翔，他沿路看见的都是圣贤、豪杰、忠臣、孝子、骚人、逸士——都是魁梧奇伟，温馨凄艳的灵魂。久而久之，他定觉得那些庄严灿烂的姓名，和生人一般的实在，而且渐渐活现起来了，于是他看得见古人行动的姿态，听得到古人歌哭的声音。甚至他们还和他揖让周旋，上下议论；他成了他们其间的一员。于是他只觉得自己和寻常的少年不同，他几乎是历史中的人物，他和古人的关系比和今人的关系密切多了。他是在时间里，不是在空间里活着。他为什么不那样想呢？这些古人不是在他心灵里活动，血脉里运行吗？他的身体不是从这些古人的身体分泌出来的吗？是的，那政事、武功、学术震耀一时的儒将杜预便是他的十三世祖；那宣言“吾文章当得屈宋作衙官，吾笔当得王羲之北面”的著名诗人杜审言，便是他的祖父；他的叔父杜升是个为报父仇而杀身的十三岁的孝子；他的外祖母便是张说所称的那为监牢中的父亲“菲屦布衣，往来供馈，徒行颜色，伤动人伦”的孝女；他外祖母的兄弟，崔行芳，曾经要求给二哥代死，没有诏准，就同哥哥一起就刑了，当时称为“死悌”。你看他自己家里，同外家里，事业、文章、孝行、友爱，——立德、立功、立言的人物这样多；他翻开近代的史乘，等于翻开自己的家谱。这样读书，对于一个青年的身心，潜移默化的影响，定是不可限量的。难怪一般的少年，他瞧不上眼。他是一个贵族，不但在族望上，便论德行和智慧，他知道，也应该高人一等。所以他的朋友，除了书本里的古人，就是几个有文名的老前辈。要他同一般行辈相等的庸夫俗子混在一起，是办不到的。看看这一段文字，便可想见当时那不可一世的气概：

性豪业嗜酒，嫉恶怀刚肠；脱略小时辈，结交皆老苍；饮酣视八极，俗物皆茫茫。

子美所以有这种抱负，不但因为他的血缘足以使他自豪，也不仅仅是他不甘自暴自弃；这些都是片面的，次要的理由。最要紧的，是他对于自己的成功，如今确有把握了。崔尚、魏启心一般的老前辈都比他作班固、扬雄；他自己仿佛也觉得受之无愧。十四五岁的杜二，在翰墨场中，已经是一个角色了。

这时还有一件事也可以增长一个人的兴致。从小摆不脱病魔的纠缠，如今摆脱了。这件事竟许是最足令人开心的。因为毕竟从前那种幽闭的书斋生活不大自然，只因一个人缺欠了健康，身体失了自由，什么都没有办法。如今健康恢复了，有了办法，便尽量的追回以前的积欠，当然是不妨的，简直是应该的。譬如院子里那几棵枣树，长得比什么树都古怪，都有精神，枝子都那样剑拔弩张的挺着，仿佛全身都是劲。一个人如今身体强了，早起在院子里走走，往往也觉得浑身是劲。忽然看见它们那挑衅的样子，恨不得拣一棵抱上去，和它摔一跤，决个雌雄。但是想想那举动又未免太可笑了。最好是等八月来，枣子熟了，弟妹们只顾要枣子吃；枣子诚然好吃，但是当哥哥的，尤其筋强力壮的哥哥，最得意的，不是吃枣子，是在那给弟妹们不断的供应枣子的任务。用竹篙子打枣子还不算本领。哥哥有本领上树，不信他可以试给他们看看。上树要上到最高的枝子，又得不让枣刺轧伤了手，脚得站稳了，还不许踩断了树枝；然后躲在绿叶里，一把把的洒下来；金黄色的，朱砂色的，红黄参半的枣子，花花剌剌的洒将下来，得让孩子们抢都抢不赢。上树的技术练高了，一天可以上十来次，棵棵树都要上到。最有趣的，是在树顶上站直了，往下一望；离天近，离地远，一切都在脚下，呼吸也轻快了，他忍不住大笑一声；那笑里有妙不可言的胜利的庄严和愉快。便是游戏，一个人的地位也要站得超越一点，才不愧是杜甫。

健康既经恢复了，年龄也渐渐大了，一个人不能老在家乡守着。他得看看世界。并且单为自己创作的前途打算，多少通都广邑，名山大川，也不得不瞻仰瞻仰。

二

大约在二十岁左右，诗人便开始了他的飘流的生活。三十五以前，是快意的游览（仍旧用他自己的比喻），便像羽翮初满的雏凤，乘着灵风，踏着彩云，往漾漾的长空飞去。他胁下只觉得一股轻松，到处有竹实，有醴泉，他的世界是清鲜，是自由，是无垠的希望，和薛雷的云雀一般，他是

An unbodied joy whose race is just begun.

三十五以后，风渐渐尖峭了，云渐渐恶毒了，铅铁的穹窿在他背上逼压着，太阳也不见了，他在风雨雷电中挣扎，血污的翎羽在空中缤纷的旋舞，他长号，他哀呼，唱得越急切，节奏越神奇，最后声嘶力竭，他卸下了生命，他的挫败是胜利的挫败，神圣的挫败。他死了，他在人类的记忆里永远留下了一道不可逼视的白光；他的音乐，或沉雄，或悲壮，或凄凉，或激越，永远，永远是在时间里颤动着。

子美第一次出游是到晋地的郇瑕（今山西猗氏县），在那边结交的人物，我们知道的，有韦之晋。此后，在三十五岁以前，曾有过两次大举的游历：第一次到吴越，第二次到齐赵。两度的游历，是诗人创作生活上最需要的两种精粹而丰富的滋养。在家乡，一切都是单调、平凡，青的天笼盖着黄的地，每隔几里路，绿杨藏着人家，白杨翳着坟地，分布得驿站似的呆板。土人的生活也和他们的背景一样的单调。

我们到过中州的人都知道那是个什么样的去处，大概从唐朝到现在是不会有多少进步的。从那样的环境，一旦踏进山明水秀的江南，风流儒雅的江南，你可以想象他是怎样的惊喜。我们还记得当时和六朝，好比今天和昨日；南朝的金粉，王谢的风流，在那里当然还留着够鲜明的痕迹。江南本是六朝文学总汇的中枢，他读过鲍、谢、江、沈、阴、何的诗，如今竟亲历他们歌哭的场所，他能不感动吗？何况重重叠叠的历史的舞台又在他眼前。剑池、虎邱、姑苏台、长洲苑、太伯的遗庙、阖闾的荒冢，以及钱塘、剡溪、鉴湖、天姥——处处都是陈迹、名胜，处处都足以促醒他的回忆，触发他的诗怀。我们虽没有他当时纪游的作品，但是诗人的得意是可以猜到的。美中不足的只是到了姑苏，船也办好了，却没有浮着海。仿佛命数注定了今番只许他看到自然的秀丽，清新的面相；长洲的荷香，镜湖的凉意，和明眸皓齿的耶溪女……都是他今回的眼福；但是那瑰奇雄健的自然，须得等四五年后游齐赵时，才许他见面。

在叙述子美第二次出游以前，有一件事颇有可纪念的价值，虽则诗人自己并不介意。

唐代取士的方法分三种——生徒、贡举、制举。已经在京师各学馆，或州县各学校成业的诸生，送来尚书省受试的，名曰生徒；不从学校出身，而先在州县受试，及第了，到尚书省应试的，名曰贡举。以上两种是选士的常法。此外，每多少年，天子诏行一次，以举非常之士，便是制举。开元二十三年（736）子美游吴越回来，挟着那“气劘屈贾垒，目短曹刘墙”的气焰应贡举，县试成功了，在京兆尚书省一试，却失败了。结果没有别的，只是在够高的气焰上又加了一层气焰。功名的纸老虎如今被他戳穿了。果然，他想，真正的学问，真正的人才，是功名所不容的。也许这次下第，不但不能损毁，反足以抬高他的身价。可恨的许只是落第落在名职卑微的考功郎手里，未免叫人丧气。当时士林反对考功郎主试的风潮酝酿得一天比一天紧，在子美“忤下考功第”的明年，果然考功郎吃了举人的辱骂，朝廷从此便改用侍郎主试。

子美下第后八九年之间，是他平生最快意的一个时期，游历了许多名胜，接交了许多名流。可惜那期间是他命运中的朝曦，也是夕照，那几年的经历是射到他生命上的最始和最末的一道金辉；因为从那以后，世乱一天天的纷纭，诗人的生活一天天的潦倒，直到老死，永远闯不出悲哀、恐怖和绝望的环攻。但是末路的悲剧不忙提起，我们的笔墨不妨先在欢笑的时期多留连一会儿，虽则悲惨的下文早晚是要来的。

开元二十四五年之间，子美的父亲——闲——在兖州司马任上，子美去省亲，乘便游历了兖州、齐州一带的名胜，诗人的眼界于是更加开扩了。这地方和家乡平原既不同，和秀丽的吴越也两样。根据书卷里的知识，他常常想见泰山的伟大和庄严，但是真正的岱岳，那“造化钟灵秀，阴阳割昏晓”的奇观，他没有见过。这边的湍流、峻岭、丰草、长林都另有一种他最能了解，却不曾认识过的气魄。在这里看到的，是自然的最庄严的色相。唯有这边自然的气势和风度最合我们诗人的脾胃，因为所有磅礴郁结在他胸中的，自然已经在这景物中说出了；这里一丘一壑，一株树，一朵云，都能引起诗人的共鸣。他在这里勾留了多年，直变成了一个燕赵的健儿；慷慨悲歌、沉郁顿挫的杜甫，如今发现了他的自我。过路的人往往看见一行人马，带着弓箭旗枪，驾着雕鹰，牵着猎狗，往郊野奔去。内中头戴一顶银盔，脑后斗大一颗红缨，全身铠甲，跨在马上的，便是监门胄曹苏预（后来避讳改名源明）。在他左首并辔而行的，装束略微平常，双手横按着长槊，却也是英风爽爽的一个丈夫，便是诗人杜甫。两个少年后来成了极要好的朋友。这回同着打猎的经验，子美永远不能忘记，后来还供给了《壮游》诗一段有声有色的文字：

春歌丛台上，冬猎青邱旁；呼鹰皂枥林，逐兽云雪岗；

射飞曾纵鞚，引臂落鹙鸧。苏侯据鞍喜，忽如携葛强。

原来诗人也学得了一手好武艺！

这时的子美，是生命的焦点，正午的日曜，是力，是热，是锋棱，是夺目的光芒。他这时所咏的《房兵曹胡马》和《画鹰》恰好都是自身的写照。我们不能不腾出篇幅，把两首诗的全文录下。

胡马大宛名，锋棱瘦骨成，竹批双耳峻，风入四蹄轻；

所向无空阔，真堪托死生。骁腾有如此，万里可横行。

——（《房兵曹胡马》）

素练风霜起，苍鹰画作殊，耸身思狡兔，侧目似愁胡；

绦镟光堪摘，轩楹势可呼。何当系凡鸟，毛血洒平芜！

——（《画鹰》）

这两首和稍早的一首《望岳》都是那时期里最重要的代表作品，实在也奠定了诗人全部创作的基础。诗人作风的倾向，似乎是专等这次游历来发现的；齐、赵的山水，齐、赵的生活，是几天的骄阳接二连三的逼成了诗人天才的成熟。

灵机既经触发了，弦音也已校准了，从此轻拢慢捻，或重挑急抹，信手弹去，都是绝调。艺术一天进步一天，名声也一天大一天。从齐、赵回来，在东都（今洛阳）住了两三年，城南首阳山下的一座庄子，排场虽是简陋，门前却常留着达官贵人的车辙马迹。最有趣的是，那一天门前一阵车马的喧声，顿时老苍头跑进来报道贵人来了。子美倒屣出迎。一位道貌盎然的斑白老人向他深深一揖，自道是北海太守李邕，久慕诗人的大名，特地来登门求见。北海太守登门求见，与诗人相干吗？世俗的眼光看来，一个乡贡落第的穷书生家里来了这样一位阔客人，确乎是荣誉，是发迹的吉兆。但是诗人的眼光不同。他知道的李邕，是为追谥韦巨源事，两次驳议太常博士李处，和声援宋璟，弹劾谋反的张昌宗弟兄的名御史李邕——是碑版文字，散满天下，并且为要压倒燕国公的“大手笔”，几乎牺牲了性命的李邕——是重义轻财，卑躬下士的李邕。这样一位客人来登门求见，当然是诗人的荣誉。所以“李邕求识面”可以说是他生平最得意的一句诗。结识李邕在诗人生活中确乎要算一件有关系的事。李邕的交游极广，声名又大，说不定子美后来的许多朋友，例如李白、高适诸人，许是由李邕介绍的。

三

写到这里，我们该当品三通画角，发三通擂鼓，然后提起笔来蘸饱了金墨，大书而特书。因为我们四千年的历史里，除了孔子见老子（假如他们是见过面的）没有比这两人的会面，更重大，更神圣，更可纪念的。我们再逼紧我们的想象，譬如说，青天里太阳和月亮走碰了头，那么，尘世上不知要焚起多少香案，不知有多少人要望天遥拜，说是皇天的祥瑞。如今李白和杜甫——诗中的两曜，劈面走来了，我们看去，不比那天空的异瑞一样的神奇，一样的有重大的意义吗？所以假如我们有法子追究，我们定要把两人行踪的线索，如何拐弯抹角，时合时离，如何越走越近，终于两条路线会合交叉了——统统都记录下来。假如关于这件事，我们能发现到一些翔实的材料，那该是文学史里多么浪漫的一段掌故！可惜关于李杜初次的邂逅，我们知道的一成，不知道的九成。我们知道天宝三载三月，太白得罪了高力士，放出翰林院之后，到过洛阳一次。当时子美也在洛阳。两位诗人初次见面，至迟是在这个当儿。至于见面时的情形，在什么时候，什么地方，也许是李邕的筵席上，也许是洛阳城内一家酒店里，也许……但这都是可能范围里的猜想，真确的情形，恐怕是永远的秘密。

有一件事我们却拿得稳是可靠的。子美初见太白所得的印象，和当时一般人见得的，正相吻合。司马子微一见他，称他“有仙风道骨，可与神游八极之表”；贺知章一见，便呼他作“天上谪仙人”；子美集中第一首《赠李白》诗，满纸都是企羡登真度此的话。假定那是第一次的邂逅，第一次的赠诗，那么，当时子美眼中的李十二，不过一个神采趣味与常人不同，有“仙风道骨”的人，一个可与“方期拾瑶草”的侣伴，诗人的李白没有在他脑中镌上什么印象。到第二次赠诗，说“未就丹砂愧葛洪”，回头就带着讥讽的语气问

痛饮狂歌空度日，飞扬跋扈为谁雄？

依然没有谈到文字。约莫一年以后，第三次赠诗，文字谈到了，也只轻轻的两句“李侯有佳句，往往似阴铿”，不是什么了不得的恭维，可是学仙的话一概不提了。或许他们初见时，子美本就对于学仙有了兴味，所以一见了“谪仙人”，便引为同调；或许子美的学仙的观念完全是太白的影响。无论如何，子美当时确是做过那一段梦——虽则是很短

的一段；说“苦无大药资，山林迹如埽”，说“未就丹砂愧葛洪”，起码是半真半假的心话。东都本是商贾贵族蜂集的大城，廛市的繁华，人心的机巧，种种城市生活的罪恶，我们明明知道，已经叫子美腻烦，厌恨了；再加上当时炼药求仙的风气正盛，诗人自己又正在富于理想的、如火如荼的浪漫的年华中——在这种情势之下，萌生了出世的观念，是必然的结果。只是杜甫和李白的秉性根本不同：李白的出世，是属于天性的，出世的根性深藏在他骨子里，出世的风神披露在他容貌上；杜甫的出世是环境机会造成的念头，是一时的愤慨。两人的性格根本是冲突的。太白笑“尧舜之事不足惊”，子美始终要“致君尧舜上”。因此两人起先虽觉得志同道合，后来子美的热狂冷了，便渐渐觉得不独自己起先的念头可笑，连太白的那种态度也可笑了；临了，念头完全抛弃，从此绝口不提了。到不提学仙的时候，才提到文字，也可见当初太白的诗不是不足以引起子美的倾心，实在是诗人的李白被仙人的李白掩盖了。

东都的生活果然是不能容忍了，天宝四载夏天，诗人便取道如今开封归德一带，来到济南。在这边，他的东道主，便是北海太守李邕。他们常时集会，宴饮，赋诗，集会的地点往往在历下亭和鹊湖边上的新亭。在座的都是本地的或外来的名士。内中我们知道的还有李邕的从孙李之芳员外，和邑人蹇处士。兴许还有高适，有李白。

是年秋天太白确乎是在济南。当初他们两人是否同来的，我们不晓得。我们晓得他们此刻交情确是很亲密了，所谓“醉眠秋共被，携手日同行”，便是此时的情况。太白有一个朋友范十，是位隐士，住在城北的一个村子上。门前满是酸枣树，架上吊着碧绿的寒瓜，滃滃的白云整天在古城上闲卧着——俨然是一个世外的桃源。主人又殷勤。太白常常带子美到这里喝酒谈天。星光隐约的瓜棚底下，他们往往谈到夜深人静，太白忽然对着星空出神，忽然谈起从前陈留采访使李彦如何答应他介绍给北海高天师学道箓，话说过了许久，如今李彦或许早忘记了，他可是等得不耐烦了。子美听到那类的话，只是唯唯否否；只等话头转到时事上来例如贵妃的骄奢，明皇的昏聩，以及朝里朝外的种种险象，他的感慨才潮水般的涌来。两位诗人谈着话，叹着气，主人只顾忙着筛酒，或许他有意见不肯说出来，或许压根儿没有意见。